# 系统营销
## 管理者的营销修养课

李志斌 ◎ 著

能够快速理解"PSST营销管理"的精髓
量案例，掌握实效的营销逻辑和方法

**企业管理者必读的营销宝典**
更注重回归商业的本质
更强调对人性的关注
更机动灵活的组织
更重视新技术新方法

团队　team
制度　system
策略　strategy
产品　product

图书在版编目（CIP）数据

系统营销：管理者的营销修养课/李志斌著.—北京：企业管理出版社，2018.10
ISBN 978-7-5164-1797-3

Ⅰ.①系… Ⅱ.①李… Ⅲ.①企业管理-市场营销学 Ⅳ.①F274

中国版本图书馆 CIP 数据核字（2018）第 232369 号

| | |
|---|---|
| 书　　名： | 系统营销：管理者的营销修养课 |
| 作　　者： | 李志斌 |
| 责任编辑： | 侯春霞 |
| 书　　号： | ISBN 978-7-5164-1797-3 |
| 出版发行： | 企业管理出版社 |
| 地　　址： | 北京市海淀区紫竹院南路 17 号　邮编：100048 |
| 网　　址： | http://www.emph.cn |
| 电　　话： | 编辑部（010）68420309　发行部（010）68701816 |
| 电子信箱： | zhaoxq13@163.com |
| 印　　刷： | 三河市聚河金源印刷有限公司 |
| 经　　销： | 新华书店 |
| 规　　格： | 170 毫米×240 毫米　16 开本　10.75 印张　187 千字 |
| 版　　次： | 2018 年 10 月第 1 版　2018 年 10 月第 1 次印刷 |
| 定　　价： | 42.00 元 |

版权所有　翻印必究　印装有误　负责调换

# 序
## 本书能为你带来什么？

梳理十六年的营销经验，提供一种简单、有效、以人为本的"PSST营销管理"理论。通过找到影响营销的关键因素，从而实现掌控营销的效果，使营销管理有规律可循，并可量化和改进。

我于1997年参加工作，在最初的五年，我工作于广告行业。自2003年之后，就一直从事销售和市场工作。销售的路上会经历太多的困惑、无助，当产品陷入滞销、业务停滞不前、合作伙伴离你而去时，无疑是最艰难的时刻。然而，越是艰难的时候，越需要实事求是的态度和迎难而上的勇气，当你面对现实，你就会发现你曾忽略过的本质的东西。问题和机遇是一对形影不离的兄弟，只有当你静下心，找到事情的本质时，你才能真正拥有解决问题的能力。

十六年的营销时光，转瞬即逝。这十六年来，销售和营销发生了很大的变化。信息技术的发展使我们的传播和沟通方式发生了巨变，媒体的原有格局被打破，企业和个人拥有了信息的发布权。信息技术的发展也改变了人与人之间的沟通方式，人们的沟通不再局限于见面、电话、传真和信件，而可以随时随地与他人建立连接，不再受时空的限制，这为营销提供了极大的想象空间。信息技术的发展也极大地激发了个人的创造力，新概念、新产品层出不穷，不断有传统巨头为新企业所颠覆。产品周期、行业周期变得越来越短，企业的竞争压力越来越大。

这些变化深刻地影响了销售和营销，如果企业不能适应新的形势，势必会被时代淘汰。在新的形势下，营销管理必须做出以下改变：更注重回归商业的本质，更强调对人性的关注，拥有更机动灵活的组织，以及更重视对新技术、新方法的应用。

## "PSST 营销管理"理论

我们都熟知 4P 营销要素：产品、价格、渠道和传播。它们是营销的必备要素，任何一个营销行为，都不能缺少产品、价格、渠道和传播。但是，4P 唯独缺少了灵魂，就是"人"，如果营销不能激发出"人"的积极性，发挥出"人"的策略性价值，就绝对无法达到预期的效果。

企业需要与各种"人"打交道，如果企业不能站在他们的角度去处理问题，就得不到他们的理解和支持。在业务流程和供应链上分布着不同的成员，企业调动起他们的积极性，让他们最大限度地满足客户，才是制胜的关键。

在知识经济时代，智慧是最重要的，"人"绝对是核心生产力。产品、价格、渠道和传播的背后都是"人"在主导，不能回归到"人"的本质、激发出"人"的能量、开启"人"的智慧、协调好"人"的关系，所有的资源都发挥不出效用。

在此背景下，我提出了"PSST 营销管理"理论。它包括四个要素：产品、策略、制度和团队。"产品"是营销的基础，是商业的基本逻辑；而"策略、制度和团队"则是回归到"人"的本质，旨在激发"人"的能量。"PSST 营销管理"理论提供了一种简单、有效、以人为本的营销管理路径，强调营销回归到商业的本质，融入对"人"的关注和尊重，激发出每一个"人"的能量，并采用机动灵活的组织形式，运用新的传播和技术手段，达到最佳的营销效果。

## 营销是企业的终极目标

你说你拥有一个梦幻团队，拥有强大的研发能力，拥有世界领先的技术，员工非常敬业，但就是产品卖不出去，则你所做的一切都会被否定，甚至会成为一个笑柄。

产品卖不出去，对企业来说是最可怕的事，这几乎是被判了死刑。产品卖不出去，说明客户不接受你的产品，商业逻辑无法成立，企业无法实现成长。

衡量一个企业是否有价值，只需要看三件事：一是有没有人愿意买企业的产品；二是客户是否能够实现持续增长；三是企业是否能够实现盈利。如果这三件事一件也无法实现，那么，对不起，你的企业毫无价值。

消费者拥有最终的裁决权，消费者是最公正的，消费者绝对不会错过好产品。产品卖不出去，不是消费者的错，不是市场的错，也不是销售人员的错，只能是领导的错。销售员无论如何推销，消费者都不买，没有成功案例，也就不能全面推广，这是产品的问题，是商业模式的问题。如果你没有勇气承认，那你就找不到问题的根源，也没有机会翻盘。

## 营销不等于销售

营销不等于销售，并不是临时组建一个团队，然后拿一个现成的产品去推销。

营销在产品研发时就已经开始了。

产品不是来自猜想，而是来自一个真实的需求。在做产品研发前，你必须去做市场调研，去征求目标客户的意见，样品也要经过大量的测试。你要保证产品能够满足客户的核心需求，拥有足够大的市场，你能以客户接受的价格提供产品，并且还能让客户方便地购买。你做过以上这些工作后，就自然知道如何营销，并且知道什么是最有效的营销方式。

产品能不能卖出去，不是产品生产出来才知道，而是在研发时就知道了。营销绝对不是设想一个需求，闭门造出一个产品，临时招募一个销售团队，然后等待奇迹的发生。

营销不是销售体系，而是经营体系，它是企业的全部职能，而非个别职能。企业的所有价值都体现在营销上，产品卖不出去，所有人都应该感到羞愧，因为所有人的工作都没有价值。

## 能力来自一线

企业中所有的矛盾都会传导到一线爆发，如果你想真正了解自己的企业，就到一线去。

你需要找到三类人：客户、渠道商和销售员。然后问他们两个问题，接下来，你就能知道你想知道的一切。

第一个问题："你认为业务中最大的困难是什么？"或"你对我们的产品和服务有什么意见或不满？"

第二个问题："你认为怎样才能改进？"

他们的答案会出乎你的预料，你会惊讶于他们已经洞察到了业务的核心矛盾，甚至他们还能提供有效的解决方案。这不是因为他们有多高的智慧，而是因为他们天天被这些问题折磨。时间久了，他们就成了问题专家。

问题会在一线爆发，但根源在企业内部。就像我们身上的疾病，发病在体表，根源在体内。最早发现问题的是一线员工，他们从不同的客户和渠道商那里听到了相似的抱怨，但他们发出的警报并未引起管理者的重视。企业中真正的困难是：看到问题的人没有决策权，有决策权的人看不到问题。

## 管理是释放

企业普遍认同"管理出效益"，而管理就是制度、纪律和考核。员工被动执行来自上级的指令，只要求对上级负责，客户的意见和需求则得不到重视。销售员在业务流程的末端，他们未被授予任何权力，不能自行处理任何问题。所以，矛盾被搁置、被隐藏，逐渐累积成企业的风险。

管理的精髓是"释放"，而不是"约束"。管理必须能够调动一线员工的积极性，必须为他们"赋能"，让看到问题的人能够及时解决问题，让听得到炮声的人来指挥炮火。否则，你便无法及时为客户提供服务，跟不上这个时代的节奏，成为这个时代的弃儿。

李志斌

# 目录 directory

引言——新时代下的营销管理有哪些新变化？ / 1

## 第一篇 营销是企业的经营系统
——为营销提供系统性支持 / 1

一、管理的前提是责、权、利对等——人心顺，管理才会顺 / 7
二、"自下而上"的管理——让企业拥有不竭的动能 / 10
三、八个高效法则——告别无效忙碌 / 15

## 第二篇 PSST 营销管理
——产品是基础，人性是灵魂 / 21

一、产品（Product）——好产品要具备六个条件 / 26
    定位——找准产品在市场中的位置 / 28
    导向——培养"客户导向"思维 / 31
    品质——消费升级时代，品质也要升级 / 36
    价格——高价 VS. 低价 / 42
    服务——服务与产品同等重要 / 48
    品类——以少胜多 / 52

二、策略（Strategy）——策略不对，好产品也不会畅销 / 57

商业模式——解决客户的痛点 / 61
客户定位——找到最需要你的产品的人 / 66
品牌策略——在消费者的心中建立记忆和信任 / 72
渠道策略——让你的产品触手可及 / 81
人才策略——变人海战术为精英战术 / 87
组织策略——让听得见炮声的人来决策 / 90
业务管理——聚焦于过程的科学管理 / 92
供应链策略——站在供应链的高度看待企业经营 / 94
竞争策略——客户是灯塔，竞争对手是镜子 / 98
发展策略——腾讯、复星和小米为何能以多元化成功？ / 104

三、制度（System）——好制度聚集优秀人才 / 111
收入制度——与员工分享收益 / 115
晋升制度——为员工创造职业成就感 / 121
绩效评价制度——将资源向绩优产能倾斜 / 124
激励制度——有激励，才有动力 / 127

四、团队（Team）——营销策略的执行者 / 129
选才——找对人，事业就成功了一半 / 133
育才——人才以培养而出，器识以磨砺而成 / 137
励才——收入、晋升和快乐 / 143
用才——每位员工都是一座宝藏 / 149
留才——留住人才，企业才能发展 / 155

# 引 言
——新时代下的营销管理有哪些新变化？

新时代的营销管理会更注重回归商业的本质，更强调对人性的关注，拥有更机动灵活的组织以及更重视对新技术和新方法的应用。

更准确地说，在这四个新变化中，前两个并不是新变化，而是本质，后两个才是新方法和新手段。

之所以会刻意强调这两个本质，是因为在当今时代，几乎所有的企业都在追求速度，都在追求短期利益，而忘记了商业的本质，忽视了客户、员工和渠道商的利益。然而，违背了这两个本质，企业就失去了成长的基础，企业的组织再灵活，营销技术再先进，也无用武之地。甚至，你跑得越快，累积的风险越大。

在当今时代，强调回归本质更有其重要意义。只有遵守商业的发展规律，调动起大家的积极性，再加以机动灵活的组织、先进的营销技术，企业才能发展得更快、更好。

## 更注重回归商业的本质

首先，商业的第一个本质是产品。企业通过产品与客户建立连接，通过产品来满足客户的需求，通过产品来建立自己的形象。但是，产品并非凭空而来，而是来自客户的真实需求，产品能够满足客户的需求，接下来的事才符合逻辑。客户愿意付费购买，商业模式才能成立。好产品意味着价格更低、质量更好、外观更美，给客户带来更多的舒适和享受。

其次，营销是企业的经营体系，而非企业的销售职能。从发现一个需求，到研发出一款能够满足需求的产品，到建立产品的知名度，到客户付费购买，再到成功案例的推广，这是一个完整的经营体系。营销不是孤注一掷地将希望寄托于终端销售，终端销售只能锦上添花，做不到雪中送炭。只有依托于一个健康完善的经营体系，营销才能发挥出最大的价值。

再次，企业的业务流程必须能够形成闭环，产品流、资金流、信息流都要能够实现可控。在价值的交换过程中，必须做到无可替代，必须具有被利用的价值，否则就会被淘汰出局。

最后，企业必须能够站在合作者的立场，关注他们的利益和感受，保障业务流程中所有参与者都能获得合理的利润。如果参与者的利益无法满足，则商业模式就无法存续。能够做到风险共担、利益共享，才有机会做大市场，共同分享市场增长带来的红利。

## 更强调对人性的关注

是"人"使好事情发生，"产品、价格、渠道和传播"的背后，都是"人"在发挥着作用。不尊重客户，不尊重渠道商，不尊重员工，不能将"人"的因素提高到首位，他们就会离你而去，你将无生意可做。

"人"分为两类：一类是客户；另一类是合作者，包括员工和渠道商。

企业的经营必须以客户为中心。客户是企业的灯塔，是行动的航标，要将"客户满意"作为企业的最高宗旨，要将这一理念贯彻到每一个部门、每一个岗位、每一位员工。要从客户的视角去审视产品的每一个细节，审视业务的每一个流程，检查它们是否达到了"客户满意"的标准。

员工和渠道商从事着具体的工作，他们的工作质量决定了企业的业绩表现，他们的状态才是企业的真实状态。企业的活力源于他们的主动性和创造性，如果企业能更好地满足员工和渠道商，就能开启他们的智慧，激发出他们的创造性，他们就会更好地满足客户，带来更积极的市场反馈。

## 拥有更机动灵活的组织

随着技术的快速发展，产品更新换代的速度越来越快，产品的生命周期越来越短，企业的竞争形势越来越严峻。传统的金字塔式的组织架构已经不能适应快速变化的市场，职能化的组织之间缺少协同，多层次管理导致信息失真、决策迟缓，一线员工等到高层的指令时，往往形势已变，时机已去。

互联网为我们带来了一种扁平化的网络组织结构，这种组织结构能够实现点对点的直线联系，更能发挥组织成员的创造力，并拥有更强的机动性。网络化组织改变了过去层层授权的方式，实现了决策权的前移，为一线员工提供了更大的发挥空间，使他们能够根据市场变化，自主决定应对方案，最大限度地发挥出个人才智和潜能。

网络化组织促进了信息在组织间的传递和共享，实现了组织间的密集多边联系，促进了组织间的有效协同，形成了积极主动的文化，使各组织能够用群策群力的方式，应对复杂多变的外部环境。

**更重视对新技术和新方法的应用**

互联网、大数据、云计算等技术能帮助企业实施科学管理，帮助企业打通供应链，实现上下游数据的共享，为上下游企业提供更有效的决策依据。另外，有利于企业对生产经营、资金使用做出更合理的安排，大幅降低供应链的综合成本，提高产品和资金的周转效率，提升整个供应链的竞争力。

互联网使企业摆脱了对传统媒体的依赖，降低了传播的成本，提高了传播的广度、速度和精度。互联网帮助企业实现了广告的精准投放，通过对消费数据的进一步分析，还能做到趋势测算，预测未来的消费行为，实现更精准的营销。

过去，企业没有办法将零散的客户聚拢到一起。现在，互联网可以将分散在各地的、具有相似属性的人聚拢到一起，集中满足他们的需求，并且可以依据订单信息科学安排采购、生产和物流，使大规模定制、个性化定制成为可能。

互联网技术还能够帮助企业连接客户。对于传统企业来说，他们并不知道自己的客户是谁，客户购买了产品之后，就会消失于茫茫人海。企业想再找到他，无异于大海捞针。互联网技术改变了这一切，企业通过客户留存于互联网的消费记录和登录信息，就能找到与客户的连接方式，并通过向其推荐产品，大大提高企业的营销效率。

# 第一篇

## 营销是企业的经营系统
——为营销提供系统性支持

# 第一篇
营销是企业的经营系统——为营销提供系统性支持

营销是所有企业都在面临的问题,也可以说是企业的终极问题,因为只有实现销售收入的增长,企业才能发展,才能解决发展中的问题。所有失败的企业都是因为营销出现了问题,客户不再买你的产品,销售收入出现下滑,市场份额开始下降,资金链面临断裂。不要说规模大的企业不在乎营销、不在乎收入,规模越大的企业对盈亏平衡越敏感,对销售收入的增长要求越迫切,一旦销售收入出现下滑,企业就会陷入困境。

德鲁克认为,企业的发展并不直接取决于技术上的创新或者产品上的领先地位,而在于全体员工的市场营销观念。在企业的内部不会有成果出现,一切成果都存在于企业之外。企业的经营成果是通过客户产生的,企业付出的成本和努力,必须通过客户购买其产品或服务,才能转化为收入和利润。没有哪一家企业可以说管理做得很好,但是营销做得不好,营销做得不好只能说明管理是无效的。

正因为如此,每一家企业都非常重视营销,但也可能因此而变得急功近利,使营销走进误区。很多企业将营销理解为终端的销售行为,他们把营销当作"促销、商业策划、广告和网络推广"。我们都知道4P营销理论,其包括四个要素:产品、价格、渠道和传播。"促销、商业策划、广告和网络推广"是"传播"项下的行为,它们可以帮助企业在短期内提升销量,却不能解决营销的系统问题和长期问题,将它们和营销混淆,会给企业带来很大的危害。

凡客很擅长用广告来提升它在青年人中的影响力,凡客用巨额的广告费砸出了自己的知名度,但是却处理不好产品质量、品类、采购和库存等问题。很多人知道凡客,但凡客却陷入了无法自拔的衰退。

# 系统营销
## 管理者的营销修养课

黄太吉煎饼依靠互联网营销以及媒体的吹捧红极一时，炒作带来了短暂的轰动效果，但是喧哗过后，还是会回归到好不好吃这个根本。如果不好吃，大家冲你的名气也只能吃一次，谁都不会傻到不好吃还要天天去吃。产品不好，就没有回头客。没有回头客，客人越来越少，生意就越来越难做。

营销并不是单一的促销行为，也不是"产品、价格、渠道或传播"中的某一种，而是它们的综合体，只使用一种手段不能解决营销的问题。如果你理解了 4P 理论，就会发现，营销其实是一种经营行为，营销是一个系统，是一个流程。营销从产品阶段就已经开始了，产品要根据消费者的需求来研发，并且要通过正确的价格、渠道、传播才能最终到达消费者手中。要根本解决企业的营销问题，就要将营销上升到经营的层面，全面提升企业的经营能力，依靠系统来营销，这才是根本之道。在没有提升产品质量、降低成本、提高生产效率、改善经营水平的前提下，促销只是昙花一现，甚至还会为企业的长期发展埋下隐患，因为表面的繁荣会掩盖企业深层次的危机。

**将营销上升至经营层面，为营销提供系统性支持**

营销是企业的顶层规划，企业的所有行为都围绕着营销展开，营销并不是销售员或销售部门的职能，而是整个企业的职能。如果只是片面强调终端的销售行为，则无法根本解决企业的营销问题。

大多数的销售问题发生在营销系统的缺失上，企业无法提供一款有竞争力的产品，无法有效地传播品牌，无法为客户提供便利的购买条件，无法有效地组织资源为销售提供支持。营销是企业的经营系统，企业不能把宝押在销售终端上，不能什么都做得一塌糊涂，就指望销售终端来力挽狂澜，这不现实。但是，仍然有很多企业抱有产品导向的思维，他们认为只要产品生产出来，接下来就是销售员的事情，产品卖得不好，就是销售员的责任。

如果一支足球队的后场、中场能力很强，就能为前锋创造频繁的射门机会，获胜的概率就会大大提高。营销不能依赖最后的临门一脚，而是要依靠整体的经营能力。营销从产品研发阶段就已经开始了，企业中所有的职能都是在为营销服务，包括研发、市场、策划、公关、商务、财务等，他们工作出色，才能根本上提升企业的营销能力，提高销售的成功率。

从发现一个需求，到研发出一个能够满足需求的产品，到建立产品的知名度，到客户付费购买，再到成功案例的推广，这是一个完整的经营系统。好的系统造就好的产品，有了好的产品，再施以正确的方法和步骤，才能让产品顺利地抵达客户。这些行为都是由企业来主动策划和实施的，不是偶然的事件，这一过程就组成了企业的营销系统。

现在已经是信息化社会，产品更新速度很快，市场竞争越来越激烈，消费者拥有了选择的主动权，企业不可能再依赖信息不对称的方式去销售产品。企业要做好销售，就要减少对某个组织或个人的依赖，减少销售中的不确定性，依靠完善的系统来完成销售。

华为有一支强大的销售铁军，销售和服务人员占员工比例的33%。华为的销售部门被授予了决策权，他们可以调动所有资源来支持销售。华为的销售流程被总结为"一五一工程"，即一支队伍、五个手段、一个资料库，其中五个手段是"参观公司、参观样板店、现场会、技术交流、管理和经营研究"。华为如果不是建立了优秀的营销团队和完善的支持系统，销售和服务工作不可能圆满顺利完成，华为的市场开发不可能取得如此辉煌的成绩。

## 建立客户导向的业务流程

企业的命运掌握在客户手中，客户对企业拥有最终的裁决权，企业的经营目标就是不断满足客户的需求，获得客户的认可和支持。企业中所有的部门都是在为营销服务，如果产品或服务不能为客户所接受，客户不愿付费购买，则这个企业就体现不出任何价值。

多数企业还在以"产品导向"的思维来经营企业，闭门造出一个产品，产品生产出来后，交给销售团队，再去寻找客户，这种方式使营销始终处于被动局面。要想改变这种状况，达到"先胜而求战"的效果，就要改变业务流程的走向，让销售端成为业务流程的起点，让客户需求引领产品研发，这样就能保证每一款产品都是因客户需求而量身定制的，产品一上市，就能直接对接目标客户，再也不会发生产品滞销的现象。

要摒弃过去的"产品导向"思维，让客户需求引领组织变革，将市场一线从业务流程的末端置换到业务流程的前端，让客户需求和市场数据来指导生产经营，打通组织与市场之间的障碍，建立直达客户的、通畅的业务流程，让企业经营围绕着业务流程展开，这样就会形成一个科学的、有预见性的营销系统。然后，将所有资源整合到业务流程上来，所有部门都要为业务提供支持，不能为业务提供支持的部门和员工将要面临裁减和转岗。

在流程化组织中，部门之间不再是科层控制关系，而是市场关系。上一个流程为下一个流程提供产品或服务，下一个流程接受上一个流程的产品或服务，上一个流程才有效益；下一个流程不接受上一个流程的产品或服务，上一个流程就要返工。这样，大家就会自觉地建立起信息的共享机制，分享每一个流程的工作标准和进展，每一位员工也都会去了解全流程的质量标准，并与其他部门做好协调和配合，以提高工作的质量和效率，避免出现返工。

这样一来，每一个部门的效益和成本就可以评估出来，就可以建立起市场化的绩效评价标准。在每一个产品项目中，都配有独立的审计与核算，他们要去核算每一个部门的成本和效益，评估出部门的绩效，然后再根据产品的最终利润，计算出每一个部门应得的收益。

利益分配和成本核算是业务流程的制度基础，业务流程上的所有部门都对产品的最终效益负责，所有部门也都将从产品的最终收益中获得分成。大家的目标是对产品的整体品质负责，对产品的最终利润负责，所以每一位员工不只关心自己的工作，而是关心整个业务流程的品质，经过一段时间，企业就会培养出大量具有经营意识的人才。

研发部门根据市场一线传回的客户需求和市场数据来制订产品研发计划，研发部门不再闭门造车，而是在产品研发初期就与客户建立了连接，保证了产品与市场需求的紧密关联，大大提高了产品的成功率。研发部门集中了最优秀的技术和设计人才，并且也会吸纳销售、市场、生产和物流等部门的人才作为外脑，因为他们更清楚产品在生产、包装、推广、销售和物流环节有哪些特殊的要求，这样就能尽量避免研发人员的认知盲区，减少产品的设计缺陷，使产品更趋向于完美，更具有市场竞争力。

# 一、管理的前提是责、权、利对等
## ——人心顺，管理才会顺

管理是一件很复杂的事，不同的管理学者、管理学派对管理的定义不同，不同的企业也都有着迥异的管理风格。时代在快速发展，企业的生产经营方式在不断更新，员工的组成结构也在发生变化。所以，管理必然也会跟随时代的步伐，不断发展创新。

我不是研究学者，并不能提出多么高深的管理理论，也做不到面面俱到。我只能从我工作经历的视角，谈谈我对管理的感受以及我认为管理应该遵循的一些原则。

我个人并不喜欢"管理"这个词汇。"管理"多少有点高高在上、以我为主的意思。既然是"管理"，一定会存在管理者和被管理者。其实，管人和被管的感觉都不太好，管人总要迫使别人做出改变，这个过程就很容易产生矛盾。被管理者表面上言听计从，但其内在的主动性和创造性却得到了压制，这种管理得不偿失。

**减少管理，增加授权**

现在企业里的员工以"90后"为主，他们大都受过高等教育，都有自己的专业背景，属于知识型员工。针对知识型员工，企业应侧重开发他们的智力和创意，提升他们的主动性和创造性，过度管理反而会打击他们的积极性，不利于他们自主开展工作。

"管理"实际上都是不得已而为之，如果员工能够拥有"自驱力"，何必去"管理"呢？员工也并不希望被管理，而是希望被尊重、被信任。如果能用"赋能"和"服务"去代替"管理"，企业就会轻松很多，也更能激发员工的工作动机。"管理"的最终目标是提升绩效，站在员工的角度去提供服务和协助，提供更大的自主空间，更有利于改善绩效，驱动事情向好的方向发展。

为员工提供一个公平的发展平台，比实施被动管理重要得多。应清晰地界定出工作的职责、目标、标准与方法，为他们提供充分的信息，授予他们更多的信任和权限，然后提供一个公平、公开、公正的评价机制，这样就能产生最佳的管理效果，优秀员工就会脱颖而出。

### 管理应聚焦于业务

多数企业将管理聚焦于企业内部，认为管理就是纪律、考勤和考核，他们在这些方面投入了大量的时间和精力，结果企业的绩效越来越差、成本越来越高、士气越来越低。

管理的目标是提升绩效，显然纪律、考勤和考核并不能产生绩效。绩效来自企业外部，绩效是通过客户产生的，客户购买企业的产品或服务，才能转化为最终的收入和利润，这才是真正的绩效。

所以，管理应聚焦于业务，致力于解决业务中的问题，疏通业务流程中的障碍，整合所有资源为业务服务，这才是管理。可以说，不能促进业务的管理，都是多余的，都是成本。所有管理者都要去学习业务、理解业务，这样才能为业务服务，才能转化成绩效。

嘉御基金的创始人卫哲在一次分享中谈到，企业最大的风险是没有营业额，没有收入。CFO的工作不是控制风险，而是帮助企业把销售做好。一个好的CFO不是站在成本的角度看问题，而是从投资回报率的角度来看问题。

### 管理的前提是实现责、权、利的对等

责任、权利和利益对等是管理的基本原则和前提。权利和利益不是凭空而来的，而是由管理者所承担的责任来决定的。管理者承担的责任越大，权利和利益就越大，反之亦然。如果违背了这个原则，就失去了管理的公平性和客观性，就会带来管理上的混乱。

企业中的大部分管理问题，来自责任、权利和利益的不对等。承担责任的人不能享受权利和利益，不承担责任的人却享受着权利和利益。

例如，业务和产品部门承担着最大的责任，要为产品的最终效益负责。但是，他们却不能享受对等的权利和利益。产品效益好，业务和产品部门不能分享收益；产品效益不好，他们却要承担考核责任，甚至会下岗。而其他部门则旱涝保收，任何时候都拿着高额的奖金，还不用承担责任。

责、权、利不能实现对等，企业里就没有人愿意担责，就没有人去主动创造效益，这样的结果可想而知，这不仅会造成管理的混乱，甚至会导致企业走向衰亡。

要做好管理，首先要在企业内实现责、权、利的对等。要基于部门和员工所承担的责任，去为他们匹配对等的权利和利益。这样，才能实现管理的公平性和客观性，人心才能顺畅，员工的积极性才能被激发，才能实现管理的最大效能。

## 二、"自下而上"的管理
### ——让企业拥有不竭的动能

管理有两种导向,一种是以领导为导向,也就是"自上而下"的管理;另一种是以客户为导向,也就是"自下而上"的管理。

"自上而下"是计划经济思维,是一种"官本位"思维。这种思维认为,领导的意志高于一切,所有员工都必须对领导负责,对领导的要求必须彻底地贯彻执行。领导意志是判断一切是非的标准,当领导意志与市场发生矛盾时,一定是市场失灵了,要坚决站在领导的一边,维护领导的意志。

"自下而上"是市场经济思维。这种思维认为,客户决定了企业的前途,满足客户是企业的最高标准。企业要建立"以客户为导向"的经营机制,围绕着业务流程来排兵布阵,要让一线员工来调配资源,使所有部门都能为客户提供服务。要建立"自下而上"的信息传导机制,使市场信息能够及时回传到总部,使企业能够根据市场变化,及时调整相关政策,不断满足日益变化的客户需求。

在我二十多年的工作经历中,我只见到一家企业在贯彻"自下而上"的管理,其他的企业都是依据领导的指令来落实经营,当领导的判断和客户的需求发生矛盾时,一定是听领导的。我想这也反映了我国企业的现状,可以说在企业里还是"计划经济思维"占据着主导地位。

**"自上而下"的管理**

在施行"自上而下"管理模式的企业里,领导是绝对的权威。指令从上而下层层传达,员工的工作就是贯彻执行,员工没有权利质疑,要么干,要么走人。而且,员工的职务由上级任命,员工的工作表现由上级评定,员工的工资也是由上级来决定的。所以,员工只能听命于上级,只能对上级负责。

"自上而下"的管理模式假设领导能够掌握所有的信息,了解所有事物之间的利害关系，并能做出理性的分析和正确的决策。企业生产什么产品、卖什么价格、执行什么营销政策以及员工的考核升迁等，所有这一切都必须依据领导的意志。

"自上而下"的管理模式导致官僚主义盛行。在企业里，位高权重的人把持着资源，员工的考核升迁全由领导说了算。为了赢得领导的欢心，员工倾向于报喜不报忧，当事情恶化到掩盖不住时，最后才会汇报给领导。即使有员工向上级发出警报，也会被当作大惊小怪，因为领导的声音更重要，执行领导的指令是第一要务，"不和谐"的声音自然会被弱化。

"自上而下"的管理模式导致客户的需求被漠视，所有人都将注意力放在领导身上，努力讨好领导，而对客户的不满和抱怨无暇顾及。并且，企业还固执地认为客户不懂行、不专业、需要说服教育。领导走访一线也只是走走过场，管理者会提前将一切安排妥当，领导听一听汇报和介绍，也只是为了证实当时决策的英明。

以上这些现象，想必读者都不会陌生，这些现象在企业里普遍存在。即使在中国最优秀的企业，也会发生以自我为中心、漠视客户需求的现象。

2008年7月15日，任正非在华为的市场部年中大会上发表了《逐步加深理解"以客户为中心，以奋斗者为本"的企业文化》的讲话。任正非谈道："不以客户需求为中心，他们就不买我们小公司的货，我们就无米下锅，我们被迫接近了真理。但我们并没有真正认识它的重要性，没有认识到它是唯一的原则，因而对真理的追求是不坚定的、漂移的。在90年代的后期，公司摆脱困境后，自我价值开始膨胀，曾以自我为中心过。我们那时常常对客户说，他们应该做什么、不做什么，我们有什么好东西，你们应该怎么用。例如，在NGN的推介过程中，我们曾以自己的技术路标，反复去说服运营商，而听不进运营商的需求，最后导致在中国选型，我们被淘汰出局，连一次试验机会都不给。历经千难万苦，我们请求以坂田的基地为试验局的要求，都苦苦不得批准。我们知道我们错了，我们从自我批判中整改，大力倡导'从泥坑中爬起来的人就是圣人'的自我批判文化。我们聚集了优势资源，争分夺秒地追赶。我们赶上来了，现在软交换占世界市场的40%，为世界第一。"

不仅在中国，即使在市场经济最为发达的美国，在世界知名的高科技企业里，同样也会存在"自上而下"的管理思维。

2010年，苹果公司推出了iPad平板电脑。iPad配备10英寸的屏幕，机身沉重，携带不便。因此，有很多顾客向苹果公司反馈，希望苹果公司推出一款较小尺寸的iPad，但乔布斯对顾客的抱怨不以为然。2010年9月，三星推出第一款7英寸平板电脑Galaxy Tab，重量只有iPad的一半，一周之内销量就高达60万台。直到2011年10月乔布斯去世，苹果公司仍然没有推出7英寸平板电脑。BI Intelligence的调查显示，苹果iPad的市场份额从2010年第二季度的90%降至2013年第二季度的28%。

另一个忽视顾客反馈的例子是iPhone。从第一代iPhone到2011年的iPhone 4S，iPhone的屏幕尺寸一直保持在3.5英寸。乔布斯断言："3.5英寸是最适合人类的屏幕大小，而超过这个最佳尺寸的手机则鲜有顾客问津。"智能手机是一个互联网移动终端，通话功能已不是核心需求，顾客用于社交、娱乐、游戏、拍照、视频等方面的时间远远超过接打电话，更大的屏幕显然能给顾客带来更大的乐趣。然而，乔布斯的固执又让苹果公司付出了惨重代价。其他手机厂商则看到了这个机会，纷纷推出大屏幕智能手机。2013年，三星手机已经占据了全球智能手机市场份额的1/3左右，iPhone的市场份额跌至14%，失去了智能手机的霸主地位。

几乎所有的营销灾难都来自"自上而下"的思维，职级越高的人越相信自己的判断，越听不进不同的意见，他们是"自我中心主义者"，无法站在别人的立场来考虑问题。事实上，领导也是普通人，他们所掌握的信息并不比一线的员工更多，在总部大楼里也不能及时洞察客户需求的细微变化，难免会因为信息的缺乏而导致决策偏差。一线员工最接近市场，是最了解客户的人，也是最早发现问题的人。调动一线员工的积极性，将他们的信息及时反馈给决策层，将帮助企业做出更为正确的决策。所以，以客户为导向，建立"自下而上"的管理模式将是一种更现实、更科学的管理方法。

## "自下而上"的管理

"自下而上"与"自上而下"的管理模式之间最重要的区别是：一个是将客户和员工作为经营核心；一个是将领导作为经营核心。这一区别，决定了企业行为的本质差异。

"自下而上"的管理模式将客户和员工作为经营核心，以客户需求来驱动企业经营。这种思维认为，只有不断满足客户，才能促进产品创新，才能赢得竞争优势，企业才能不断发展。

客户对企业拥有最终的裁决权，客户不买你的产品，企业就会倒闭。在企业内部不会有成果出现，一切成果都存在于企业之外。企业付出的所有成本和努力，只有通过客户购买其产品或服务，才能转化为收入和利润。

企业必须以满足客户作为最高标准，只有站在客户的角度，才能发现业务的本质，才能掌握成功的密码。企业必须及时了解客户需求的变化，以及客户有什么抱怨，客户有什么期望。企业越早知道答案，就越能及早采取行动，从而掌握竞争的主动权。

所以，领导需要经常深入一线。坐在办公室里，仅靠别人提供信息，永远不如面对面交流效果好。电话、邮件可以了解一件事情，但是这种沟通不够深入，难以发现问题。深入一线才能掌握实际情况，保持对市场的敏锐感知，及时发现隐含的商机，还有助于提振士气，树立威信。

一线员工掌握着更多的信息，更了解客户对产品的期望。如果企业能够重视员工，能够激发员工的创造力，给予他们更多的支持，员工就能更好地服务客户，为企业创造更大的收益。上场参加足球比赛的不是俱乐部董事长和教练，而是球员，是球员决定了比赛的胜负。同样，企业是通过员工来服务客户的，员工决定着企业的绩效，员工的状态才是企业的真实状态。

沃尔顿在他的自传中写道："赋予那些第一线工作的雇员，那些每天和顾客打交道的人以更多的决策责任。良好的管理首先应该倾听第一线员工们的声音，汇总他们的建议并把它们分解到各执行部门。这是那些成功企业正在做的事情，比如3M公司、惠普公司和通用电气公司以及沃尔玛公司。你只要去倾听和寻找，优秀的点子无处不在。你不可能知道谁将会有一个好主意。我最喜爱的一条建议来自我们运输部门的一位员工,她对于拥有全美国最大私人卡车车队的沃尔玛公司却要由运输公司来将我们采购的所有物品运进货栈感到大惑不解。她找到一种用我们自己的卡车运回这些东西的办法,并为我们一下子节省了50多万美元。因此我们把她叫来,认可了她的出色构想,并给予她现金奖励。"

日本星野集团是具有百年历史的度假村管理公司。当星野佳路从父亲手中接手北海道滑雪度假村星野TOMAMU时,度假村已亏损连连。星野佳路也没有更好的办法,于是他向员工征求意见。一位修护缆车的老员工说道:"这里的云很不一般,像海,也许是个亮点。"老员工建议在此处搭建一个"云海露天平台",使游客可以边啜饮咖啡,边欣赏如大海潮涌般滚滚而来的云海。这一建议让星野佳路眼前一亮,他立即开始着手打造。最终"云海露天平台"成了度假村的热门景点,使老旧的度假村重新热闹起来。经过这件事情之后,星野集团开始将员工作为经营核心,鼓励员工提出自己的建议。并根据员工的建议,将度假村与周边自然环境相融合,为每一处度假村打造独特的景致,为游客带来了山林、雪地、沙滩、温泉等独特体验,确立了在"生态旅游"领域的独特优势。

访问商店和倾听员工的意见可能是我作为总裁对时间最有价值的利用。但是事实上,我们最好的想法通常的确来自商店内的员工。

——沃尔顿

# 三、八个高效法则
## ——告别无效忙碌

提供方法、改善效率是管理者的核心工作，管理者的工作风格和方法不仅决定着自己的效率，还关系到他们所管理的团队。高效的管理者会给团队带来积极影响，为团队带来效率意识，使大家不再盲目工作，而是希望高效工作，达到更好的工作效果。

相反，如果管理者缺乏效率意识，工作缺少规划，分不清主次，顺序颠倒，就会给团队带来毁灭性的影响，整个团队就会像无头苍蝇一样，毫无效率可言。

你是否有效率意识呢？我们来做个测试，你平时乘坐电梯时，是先按关门键还是楼层键呢？如果你先按楼层键，显然你缺乏效率意识；如果你先按关门键，说明你拥有很强的效率意识。因为，先按关门键将为你节约时间。

长期加班是高效的表现吗？我认为不是。偶尔加班，我认为没有问题。但长期加班，我认为正是低效的表现，因为你没有利用好上班的时间。实际情况是，大部分人在工作时间里并没有真正地投入工作，或者无法集中精力处理好核心工作。他们被各种杂事打扰，时间变得七零八碎，工作效率十分低下，所以不得不通过加班来堆积工作效果。实际上，经常加班的人工作质量并不高，因为他们的工作不是在精力高度集中的情况下完成的，而是靠时间堆积出来的。

长期加班并不是一个好习惯，甚至会养成拖延症。长时间处于工作状态，身体会变得疲惫不堪，思维开始迟钝，工作质量也会随之下降。长期加班开夜车，白天就很难有好的状态，时间被相互挤占，工作做不好，休息也不好，这样就会陷入一个低效率的死循环。

雷军最佩服的程序员是陈波，他这样描述陈波的工作状态："他写程序全是在上班时间，他每天按时上班按时下班，从不加班，但上班时间他时间利用率很高，连水都不喝，女朋友的电话都是中午去接。像这样的人就是为写程序而生的，就像李昌镐是为下棋而生的一样。"

我认为管理者不应该鼓励员工加班，而应该鼓励员工提高工作效率。毕竟工作不是短跑，而是长跑，不是靠突击就可以获得冠军。你必须合理地分配体能，保持最佳的竞技状态，才能成为最终的优胜者。

管理者要鼓励员工提高工作效率，养成良好的工作习惯，合理安排工作顺序，优先处理重要工作，避免被闲杂事情打扰，提高对时间的利用率，这才是提高工作效率的关键。最好的工作方法就是：工作的时间留给工作，休息的时间留给休息。调整好身体状态，保持好节奏，这样才能有充沛的精力去完成更多高质量的工作。

以下分享八个提升效率的方法，或许读者已经听过，但却很值得再次强调。

## 要事优先

要想提升效率，最有效的办法就是要事优先。要事优先，顾名思义就是先捡重要的事情做，做完重要的事，再做其他的事。这样你就抓住了工作的核心，还会省下大量的时间。

我们经常迫于压力去做各种紧急的事，到处救火，没有停歇的时候。结果重要的事被遗忘，紧急的事却越做越多。紧急与眼前的压力有关，但与目标没有多少关系。很多人忙忙碌碌，却没有做出什么成果，就是因为被眼前的压力胁迫，偏离了长远目标。

什么是重要？重要之事着眼于目标而非压力，与目标关系越密切，就越重要。重要着眼于未来，紧急着眼于现在。

什么是紧急？紧急之事以压力优先，但它们与目标的关系并不密切，做与不做对结果影响不大。

我们知道了"重要"和"紧急"的区别，就有办法合理安排工作，提升效率。最实用的方法就是"减少自己的工作"。将自己的工作都写下来，然后依重要性排序，优先处理前三件事，处理完它们，再去处理其他事。这样一来，你就抓住了工作的本质，你的事情就越来越少，效率越来越高，时间越来越多，从而有条不紊，游刃有余。

## 一次只做一件事

所有人都很忙,大家恨不得有三头六臂,同时做很多事,这看似很有效率,其实不会有什么效果。原因就在于,你同时做很多事,就什么也做不好。专注于单一目标,加以持久的努力,你就能成为专家。我们每天都会面临各种小选择,所做的一切事情都有机会成本,做了这个,就不能做那个,在忙忙碌碌中时间就不经意地流走了,而我们也没有达到预期的效果。

一次只专注做一件事,效率最高,效果最好。所以,我们要避免被杂事干扰,一次只做一件事,集中精力将它做到极致。

## 将事情第一次就做对

每做一项工作,都要确立最高的标准,做最充分的准备,要求自己一次就做到最好,这样的效率最高。将事情第一次就做对,会避免出现偏差,免去返工和重复工作,避免事后浪费更多的时间和金钱去弥补。

当你要求自己一次就把事情做对,你必定会周全地考虑事情的方方面面,预见可能出现的意外情况,并制定出应急方案。当你有了追求完美的态度,你就会去追求最高的标准,不知不觉你就会更加地投入,你的工作就会达到最佳的效果。

## 提升人均效益

企业的经营不能依靠人海战术,而是要依赖人均效益的提升。人数只会消耗企业的利润,只有人力才能带来效益的增长。管理的进步,体现在人均效益的不断增长上。

首先,要从源头把关,提高选才的标准,选择优秀人才加入企业,这样就会提高人均效益的基准水平。另外,还要为他们提供高水平的培训,做好辅导、训练和陪访,帮助他们成功。

其次,是减人提效,就是采用精英策略。用最少的人,达到最高的人均效益。有一种薪酬管理法叫作"345 薪酬法",就是把 4 个人的薪酬分配给 3 个人,提升员工的人均收入,激励他们创造出 5 个人的价值。

## 明确的目标，正确的方法

有目标，才知道自己去哪里，才知道如何设计最佳路线。没有目标，工作就会像浮萍一样，陷入随波逐流的状态。

首先，管理者必须清楚目标是什么。其次，管理者要能将目标清晰地传达给团队成员。每一项工作都必须有清晰的目标和完成的标准。在执行每一项工作之前，都必须让每一位团队成员回答此次工作的目标和完成的标准是什么，以确保工作不会偏离目标。再次，需要设定第一目标，也需要设定第二目标。因为在现实中总会发生各种意外，形势总不会完全按照我们预计的方向去发展。当不能一次完成第一目标，我们就要努力完成第二目标，逐渐接近第一目标。

## 统筹规划

我们在小学的时候就学习过华罗庚的《统筹方法》。统筹方法是一种安排工作进程的数学方法，统筹方法站在全局的高度，通过合理安排工作进程，达到节约时间、提升效率的效果。

文章中举了一个例子：口渴了想泡茶喝，有茶叶，但是没有开水，茶壶、茶杯也要洗，怎么做才能在最短的时间喝到茶水呢？烧水需要较长的时间，而洗茶壶、茶杯所需时间较短。所以最快的方法是：先烧水，在等待水开的时间里，洗茶壶、洗茶杯、拿茶叶。等水开了，泡茶喝。

在工作中，我们也经常会面临各种错综复杂的局面，有若干个任务需要同时推进，此时我们可以运用统筹方法来帮助我们合理安排工作进程。遇到复杂的局面，不要着急，先将所有的工作写下来，分析每个工作的先后顺序和所需时间，确定好哪些事先做，哪些事后做，哪些事可以同时做。然后排好行事顺序，建立时间表，按部就班执行，如此再复杂的局面也可以轻松应对。

## 遵守纪律

1911年，有两个探险队计划前往南极极点，一个是来自挪威的阿蒙森团队，另一个是来自英国的斯科特团队。阿蒙森团队有5个人，斯科特团队有

17 个人。1911 年 10 月，他们在南极圈的外围做好了准备，阿蒙森团队制定了行进的纪律，不管天气好坏，坚持每天前进 30 千米。斯科特团队则相反，天气好时，就多走一些，天气不好时就休息，等待天晴再前进。结果是，阿蒙森团队在 1911 年 12 月 15 日率先到达了南极极点，而斯科特团队则晚到了一个多月。阿蒙森团队在率先到达南极极点之后，又顺利地返回了原来的基地。斯科特团队因为耗时过长，补给不足，体能消耗过大，回去的路上又遭遇恶劣天气，最后没有一个人生还。这两个团队的本质区别是：一个每天坚持前进 30 千米；另一个则视天气而定。

我们总是很难估计意外事件对工作带来的影响，实际的工作时间也总是比我们预期的要长。因此，严格按照计划执行是十分必要的，我们必须强迫自己完成每天的预定工作，这样才能保证任务如期完成。如果迁就自己，视情况而定，往往无法按时完成工作。"龟兔赛跑"讲得也是这个道理。纪律一旦制定，人人都要遵守，每天确保完成规定的动作，目标就指日可待。

## 精简会议

在企业里，无效冗长的会议实在太多。为了提升效率，有必要对会议进行管理，对所有会议进行评估，如非必要，不要开会；能开小会，不开大会；能开短会，不开长会。

确定要开的会议，一定要邀请真正需要的人员参加。会议组织者要提前确定会议的议题、流程、参会人员、时间、所需资料和所要达成的目标，并要形成书面文件，提前下发给参会人员，使参会人员能够充分准备，达到会议的预期效果。

另外，可以考虑开放会议。吸引更专业的员工参与，以收获更多的真知灼见，实现更好的会议效果。

会议中要有备忘录，要记录会议达成的决策、执行方案、责任人、执行人、执行标准以及执行时间。会议是为了解决问题，不是为了开会而开会。责任人要负责落实会议决策的执行，将决策执行到位才是重点。

# 第二篇

# PSST营销管理

——产品是基础，人性是灵魂

## 4P 营销理论

美国的杰瑞·麦卡锡教授在其 1960 年出版的《营销学》一书中概括出了营销的四个基本要素，它们是：产品（Product）、价格（Price）、渠道（Place）和传播（Promotion），这就是广为人知的"4P 营销理论"（见图1）。

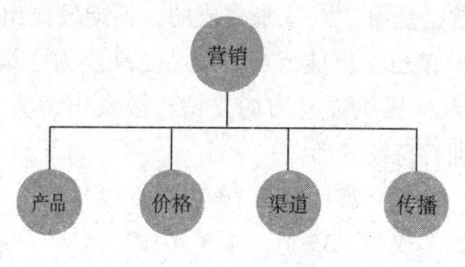

**图 1　4P 营销理论**

4P 营销理论认为一次成功和完整的市场营销，意味着以适当的产品、适当的价格、适当的渠道和适当的传播推广手段，将产品和服务投放到特定的市场。4P 营销理论对营销做出了最简洁的概括和诠释，为我们归纳了四个基本的营销策略，让我们认识到营销不能依赖单一的手段，而是要对各个营销要素加以组合运用，才能达到最佳的效果。

不过，4P 营销理论也并非完美无缺。每一个营销要素对营销的影响程度不一，有的起到决定性作用，有的仅是锦上添花。4P 营销理论没有表达出营销要素之间的主次关系，这就会让大家产生误解，认为这四个要素在营销中发挥着平均的作用，从而忽视了产品的本质性作用，而过于强调价格、渠道和传播的作用。要知道，产品是营销的前提和基础，产品好，营销才符合逻辑；而产品不好，价格、渠道和传播再怎么做，都只是忽悠人的手段。

另外，产品、价格、渠道和传播强调的是"物"的因素，缺少对"人"的关注。而"人"的因素贯穿于营销的全过程，在产品、价格、渠道和传播的背后，都是"人"在发挥着关键作用。营销是由员工和渠道商来完成的，如果不能考虑到他们的需求，激发出他们的能量，发挥出他们的策略性价值，再好的策略和资源也发挥不出作用，这是营销人反复体会到的事实。

## PSST 营销理论

基于这两个原因，我提出了"PSST 营销理论"，以补充 4P 营销理论的不足。PSST 营销理论包括四个要素：产品（Product）、策略（Strategy）、制度（System）和销售团队（Team）。PSST 营销理论将产品和人性置于非常重要的地位。产品是商业的基本逻辑，企业依靠产品来满足客户，依靠产品与客户建立连接，如果产品不能满足客户的需求，商业模式根本就不成立。而人性则是营销的灵魂，营销是由"人"来完成的，不能发掘出"人"的能量，理顺"人"的关系，营销也不可能成功。产品是硬实力，策略、制度和团队是软实力，旨在为"人"提供强有力的支持，激发出"人"的积极性和创造力，这样营销才能拥有持续的动力。

PSST 营销理论对四个营销要素做了重要性排序，产品是基础（权重50%），其次是策略（权重25%）、制度（权重15%）和销售团队（权重10%），如图 2 所示。大家看得出来，PSST 营销理论强调营销是一个系统行为，更看重"产品、策略和制度"的重要性，因为只有提供好的产品，提供策略及制度的保障，才能使终端销售发挥出价值，才能实现营销的水到渠成。如果将宝押在终端销售上，营销就变成了一场赌博，就将失去对营销的控制力。

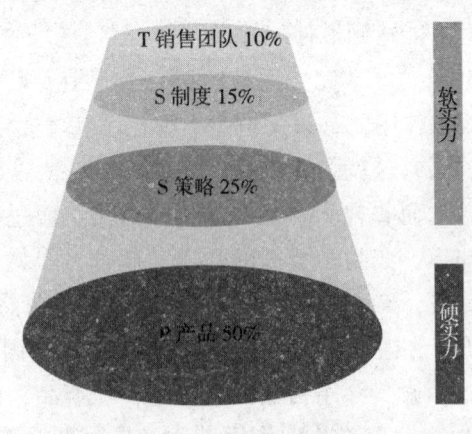

图 2　PSST 营销理论

员工和渠道商是营销策略的执行者，他们是业务流程的价值核心，他们的工作质量决定了企业的业绩表现，他们的状态才是企业的真实状态。如果企业不能充分考虑他们的需求，调动出他们的积极性，营销策略就无法贯彻执行，营销质量就会大打折扣。PSST营销理论将"人"置于非常重要的地位，策略、制度和团队就是为"人"来服务，为"人"提供支持。如果企业能更好地满足员工和渠道商，激发出他们的创造性，他们就会更好地满足客户，带来更积极的市场反馈。

## 真正的创新都是围绕着客户的创新

员工的创新推动着企业的发展，真正的创新都是围绕着客户的创新。如果企业能调动出员工的积极性，员工就会主动关心客户，着眼于每一个细节，帮助客户节约时间，为客户提供方便。这样就能不断提升客户的体验，带来更高的满意度和忠诚度，从而为企业带来更好的声誉。

我们来看一下，一家零售企业可以从哪些细节入手，去改善顾客的体验。

（1）在每一件商品上印制付款二维码，使顾客可以随时完成支付，不必再到收银台排队付款。

（2）将每一件商品录入APP，顾客可以在APP上选购，完成付款，并提供送货上门服务。

（3）在APP上可检索所有商品信息，包括商品的产地、来源、质检报告及评价。同时具有导航的功能，可以指引顾客找到商品所在的货架。

（4）在APP上提供打折信息，便于顾客寻找打折商品。

（5）在APP上提供两月内即将过期的食品的信息，并提供一定折扣，方便顾客选购。

（6）在APP上开通退换货通道，提供上门服务。

（7）在APP上提供发票打印功能。

（8）为顾客提供更多的试吃、试穿、试用体验。

以上这些创新都是细节上的创新，看上去虽小，但累积起来，就能为顾客带来极大的方便，顾客的满意度就会大大提升。营销的关键在于对人的关注，一是关心顾客，二是关心员工。如果企业能够服务好员工，员工就会以快乐的心情投入工作，积极地改进工作，为顾客提供最优质的服务，顾客会感受到最大的诚意，并产生极高的忠诚度，这才是最有效的营销，也是最令对手难以拷贝的竞争力。

# 一、产　品（Product）
## ——好产品要具备六个条件

产品是营销的基础，有一款好产品，营销就成功了一半。产品的品质不同，最终的结果差距悬殊。好产品有机会成为知名品牌，不好的产品一定会被市场淘汰。产品不好，最多只能销售一次。产品好，才能反复消费，这才是真正的生意。企业销售做得不好，问题多半出在产品上，只不过多数企业不愿承认而已。但是不承认问题，并不会使事情变好，只会使事情越来越糟。只有解决产品的问题，才能解决营销的问题。产品缺乏竞争力，不能满足客户的需求，后面做什么都无济于事，都不会有太大的成效。

领导的态度决定了产品的竞争力，或者说领导的产品观决定了产品的前途。在营销中，产品居于核心地位，但恰恰产品也最容易出问题。有非常多的企业，经营了好几年，也没有拿出一款"可呈现的、客户愿意购买的产品"。很多领导喜欢思考"大事"，喜欢将时间放在战略、模式、市场、资本和生态上，而不愿意将精力投入产品研发中，静下心来去打磨一款好产品。

另外，就是领导没有一个客观的心态，他们有很强的"自恋"情结，他们盲目地相信"自己的产品最好"，并且认为这是一种信念，只有建立这种信念，才能将自己导向成功。所以，他们不能客观地认识自己，也听不进客户的意见，看不到竞争对手的长处，导致自己和市场脱节，失去了改进的机会，失去了产品的创新能力。

要做好产品，必须拥有正确的产品观。产品是企业的生命线，是企业的尊严，企业必须在产品上持续投入，打造具有高技术含量的产品。产品来自客户的真实需求，而不是来自自己的臆想和猜测，要建立客户导向的产品研发机制，围绕着客户需求去开发产品，这样才能掌握产品的成功密码。要去走访客户，征求他们对产品的三个不满意见；也要走访那些没有成交的客户，征求他们没有购买产品的三个原因。如果你能了解这些问题的答案，就能找到产品创新的源泉，不断满足客户需求的变化，跟上时代发展的趋势。

另外，要有敬畏的心态，你并不是这世界上最聪明的人，要能看到对手的长处，要能听得进客户的批评和意见。这世界上不存在完美的产品，客户的需求在不断变化，技术、工艺、材料也在不断发展，好产品都是不断迭代和进化而来的。只有正视自己的不足，才有机会改进，才能成为真正的强者。

市场在不断发展，竞争日趋激烈，产品的内涵在不断延伸，仅是质量好、品质佳，已经不能满足营销的要求。也许读者不太理解这句话的意思，我来举几个例子，如产品的定位出现了偏差，产品质量虽好，但是功能、外观、包装、规格总是难以精准匹配目标客户。产品在研发时没有调研客户的需求，研发部门在闭门造车，导致产品一上市就滞销。产品的定价出现了偏差，产品虽好，但是定价不是过高，就是过低，要么没有竞争力，要么自损形象。产品和服务出现了两极分化，产品虽好，但服务很差，拉低了产品的品质。产品品类过于杂乱，从内部看，自己的产品在自相残杀；从外部看，让客户眼花缭乱，产生选择困难症。

读到这里，想必读者就能理解，仅是质量好的确不能满足营销的要求。一款产品是否易于营销，要从定位、导向、品质、价格、服务和品类六个方面考虑。要根据客户需求来研发产品，使产品拥有精准的定位；建立客户导向的产品研发体系；为客户提供美观、好用、易用的高品质产品；建立合理的价格体系，为每一款产品制定合理的价格，以赢得竞争优势；为客户提供优质服务，服务要能为产品加分，而不是为产品减分；建立精简的产品品类，将资源聚焦于盈利产品，删减亏损产品，这样既易于管理，又方便客户购买。

以上就是好产品所应具备的条件，接下来我们就详细探讨这六个方面的具体内容。

# 定 位
## ——找准产品在市场中的位置

### 产品定位

世界上并不存在普适的产品，一款产品不可能打遍天下。每一款产品都有其目标客户群，产品的功能、外观、规格、价格等特性与目标客户群相匹配，客户就容易接受，销售的难度就会降低；反之，产品定位不清，与目标客户群需求不匹配，销售就很难达成。

所有成功的产品都有一个共同的特征，就是定位精准，产品和客户的匹配度越高，销售就越容易达成。甚至可以说，匹配度高，客户甚至会降低对产品其他方面的要求，因为客户追求的不是尽善尽美的产品，而是适合自己的产品。所以，产品一定要定位正确，要根据客户的需求去确定产品的功能、外观、规格、价格、包装和传播方式，这样就能保证产品一上市就可以精准对接客户。

假设你拥有一家鞋企，如果你的目标客户群是老年人，则你生产的鞋子就需要符合以下特征：款式大方、穿脱方便、柔软轻便、减震防滑、价格便宜。如果不具备这些特征，显然就不适合老年人购买。

我们来举两个成功的案例，一个是小米，另一个是唯品会，来帮助我们理解产品定位的重要性。小米是我们熟知的品牌，小米手机曾经在2015年获得了国内手机市场的销量冠军。普遍的观点认为，小米手机的成功是因为粉丝经济和售卖参与感，而我则认为是产品定位，接下来请看一看我的分析。

在小米手机上市前，中国智能手机市场的霸主是iPhone。2011年，iPhone4的市场售价为5000元人民币。当时北京市职工月平均工资为4672元，显然iPhone的售价超出了多数人的消费能力，于是就产生了一个需求，大家需要一款 iPhone 的替代品，一款看上去很漂亮，功能和 iPhone 差不多，拿出去很有面子，并且价格不贵的手机。小米 1 代手机生逢其时，于 2011 年 8 月 16 日上市，以 1999 元人民币的售价引发了抢购热潮。

小米手机以其 1999 元的定价率先占领了低价智能手机市场，获得了市场的先机。小米手机的准确定位成就了小米，而粉丝经济和售卖参与感只是辅助的成功因素。

让我们做一个大胆的假设：在 2011 年，iPhone 有一款手机，售价在 2000~3000 元人民币，就不会发生小米的故事了。

小米手机的成功，警醒了国内的其他企业，OPPO、ViVO、华为纷纷推出了低价智能手机，小米的价格优势不再明显，网上销售渠道也开始遭遇瓶颈，市场份额开始下降。

小米开始将手机的定位思维运用到其他产品上，积极布局智能硬件生态链和新零售。2013 年 3 月起，小米陆续推出了小米盒子、互联网电视、充电宝、手环、耳机、平衡车、电饭煲等，以设计带领产品升级，不断为消费者提供更好的产品体验。截至 2016 年底，小米公司旗下生态链企业已达 77 家，小米不再是一家手机企业，而是一家智能硬件、互联网、新零售企业。2017 年第二季度开始，小米手机销量成功逆转，市场份额重返世界前五，第四季度已经上升到世界第四。2017 年 10 月，小米提前实现了年初提出的营收过千亿的目标。

---

唯品会成立于 2008 年 8 月，是一家 B2C 电商平台，平台销售商品包括服饰鞋包、美妆、母婴、居家等，品类和天猫、京东较为接近。天猫和京东是中国的前两大电商，唯品会如果与它们正面竞争，则几无胜算，必须确立区别于天猫和京东的差异化产品定位。

唯品会将自己定位为"一家做特卖的网站"，开创了"名牌折扣+限时抢购+正品保障"的电商模式，并持续深化为"精选品牌+深度折扣+限时抢购"的正品特卖模式。唯品会每天上午 10 点和晚上 8 点准时上线 200 多个正品品牌特卖，以最低至 1 折的折扣实行 3 天限时抢购，为消费者带来高性价比的"网上逛街"购物体验。唯品会集中兵力在"特卖"上获得了自己的优势，短短几年迅速崛起，注册用户超过 1 亿，2017 年总营收为 729 亿元人民币，凭"特卖"这一狭窄市场跃升为中国第三大购物网站。

## 产品形象化

从营销的角度来讲，产品可以分为两种：一种是具象的产品，另一种是抽象的产品。具象的产品看得见、摸得到、可体验、易理解，如汽车、房子、首饰、电器等；抽象的产品看不见、摸不到、难体验、难理解，如咨询类产品、服务类产品、金融产品、解决方案等。

具象的产品较易销售，因为一看就懂。而抽象的产品较难销售，因为看不见、摸不到、很难理解。如果客户不能理解你的产品，就建立不了信任，营销就不可能成功。所以，产品形象化是营销的一项重要工作，如果企业能将复杂、晦涩、抽象的产品用形象化的方式呈现出来，让客户快速理解，体会到产品给自己带来的好处，企业就能与客户建立连接，大大提高营销的成功率。

针对具象的产品，企业要多采用体验式营销，为客户创造更多的体验机会，让客户去试吃、试听、试看、试用、试驾。通过体验你能进一步了解客户，从客户的反馈中你可以知道产品的哪些方面打动了客户，哪些方面需要做进一步的改进。客户体验了产品，也能切身感受产品给自己带来的好处，当然也会更快地做出决策。

针对抽象的产品，客户通常无法亲身体验，企业就必须用形象化的方式将产品展示出来，让客户快速理解产品的应用场景，能够达到什么效果，带来什么利益。企业可以用简单易懂的语言、图形、图表、图像和视频，去展示产品的功能、效用、利益和应用案例，当然也可以利用时下流行的VR/AR技术去模拟产品的使用场景。

客户不可能去买一件自己不懂的产品，只有他了解了这款产品，他才有可能采取行动。所以，企业一定要重视产品的形象化工作，要围绕着产品的定位，用各种表现形式去让你的产品更形象、更深入人心。

# 导 向
## ——培养"客户导向"思维

## 产品和导向有何关系？

在产品研发中有两种思维：一种是"产品导向"；另一种是"客户导向"。简单地说，"产品导向"就是我生产什么，就销售什么，生产决定销售；"客户导向"刚好相反，客户需要什么，我就生产什么，客户需求决定生产。

在需求旺盛时期，"产品导向"是行得通的，因为客户没有多少选择，产品能基本满足需求，客户就会购买。随着产品的日益丰富，竞争越来越充分，市场进入供大于求的阶段，客户会越来越挑剔。只要你的产品有一点达不到客户的要求，客户就会转而选择其他产品。在充分竞争的时代，如果企业仍然坚持"产品导向"的思维，产品必然跟不上客户需求的变化。

尽管如此，实施"客户导向"的企业依然寥寥无几，多数企业还是以"产品导向"的思维来研发产品。研发部门根据领导的授意或自己的猜想去制订研发计划，产品生产出来后，再交由销售团队推销给客户。

即使是华为，在这方面也走过弯路。任正非在《产品发展的路标是客户需求导向，企业管理的目标是流程化的组织建设》一文中检讨了华为的错误，文章中写道："我们以前做产品时，只管自己做，做完了向客户推销，说产品如何好。这种我们做什么客户就买什么的模式在需求旺盛的时候是可行的，我们也习惯于这种模式。但是现在形势发生了变化，如果我们埋头做出'好东西'，然后再推销给客户，那东西就卖不出去。因此，我们要真正认识到客户需求导向是一个企业生存发展的一条非常正确的道路。"

## 库存是如何产生的？

库存是企业最担心的事情之一。产生库存的原因有三个：一是没有认真分析客户的需求，导致产品定位错误（功能、外观、材料、性能、包装、价格、规格、市场传播以及销售模式）或存在质量缺陷；二是缺乏市场数据，对销量估计失误，产量远大于销量；三是上市时机不对，错过最佳销售时机，通常是时间滞后。

其实，最本质的原因是产品研发依据的是"产品导向"而非"客户导向"。研发部门不去做客户调研，不去做产品测试，不去做竞品分析，不去做市场数据分析，而是在闭门造车，导致产品一生产出来就滞销，无论如何推广都无济于事。

企业不能代替客户思考，只有客户才知道自己想要什么。福特曾经说过一句话："如果我当年去问顾客他们想要什么，他们肯定会告诉我：'一匹更快的马。'"请不要被福特所误导，福特是在为自己不尊重客户的行为作辩解，并且福特已经为他的固执付出了代价。

20世纪初期，汽车尚未普及，绝大多数人根本没有见过汽车，甚至都不知道汽车的存在，你怎么能指望从他们的口中讲出汽车？其实，顾客想要的既不是马，也不是汽车，而是一种更快、更便捷的交通工具。如果你能提供，他们为什么不接受？

20世纪20年代，福特汽车公司和通用汽车公司发生了激烈的竞争。福特先生从自己的角度来定义好汽车，他认为好汽车就是：便宜、实用、标准化、黑色、T型车（敞篷车），福特先生固执地认为好车只需要一个型号、一个颜色、一个标准；而通用汽车公司的前总裁小艾尔弗雷德·斯隆的看法刚好相反，他从中产阶级的角度来定义好汽车：多种颜色、多种款式、多种型号、更好的配置、封闭车身以及更舒适的驾乘体验。最终，消费者将选票投给了通用汽车，通用超越福特成为世界上最大的汽车制造商，而福特汽车却走向了衰退。

## 建立客户导向的产品研发体系

如果你在闭门造车，产品一定会滞销。你不能靠猜测去研发产品，产品研发不是猜谜游戏，也不是押宝。只有真正站在客户的角度，你才能发现产品的本质。产品研发只有一个出路，就是建立客户导向的产品研发体系，将满足客户作为最高标准，以客户需求来指导产品研发，这样才能掌握产品的成功规律，拥有不断产出畅销产品的机制。

产品一定是源于客户的现实需求，只有准确把握客户需求，才有机会研发出适销对路的产品。哈佛商学院营销学教授西奥多·莱维特说过一句话："客户不是想买一个1/4英寸的钻孔机，而是想要一个1/4英寸的钻孔！"客户真正关心的是他们自己，是他们正在面临的问题，而非你的产品。如果你知道客户面临的问题，你就知道如何满足客户，你的产品就能够满足客户的需求，销售就会自然而然地发生。

所以，在产品的研发阶段，研发人员就需要思考以下这些问题：产品的目标客户是谁（性别、年龄、职业和收入）？客户面临什么问题？是刚性需求还是柔性需求？需求的频次如何？解决的方案是什么？可接受的价格是多少？产品的规格和外观如何？如何与竞品竞争？这些问题思考得越充分，产品的定位越准确，成功率就越高。

乔布斯曾经说过："我一贯认为，我们必须首先从客户体验出发，继而再回头考虑技术上的可行性。不能一味钻研技术然后再考虑可以把它用到什么产品上，以及用什么办法把它卖掉。我犯过这个错误可能比在场的任何人都要多。伤痕历历在目。"

## 建立产品经理人负责制

腾讯众多"意外"的创新产品，如微信、QQ空间、QQ秀，都不是来自顶层规划，而是来自基层产品经理的创新。腾讯授予了产品经理相当大的权限，产品经理可以依据市场监测数据和用户需求分析，自主决定产品的研发方向。

企业要拥有产出优秀产品的土壤，就必须调动研发人员的积极性和创造性，让他们能够真正对产品负责。这就需要建立产品经理负责的研发机制，让产品团队真正负责起产品的研发，让研发工作与市场挂钩，让市场去验证产品团队的工作效果。

产品经理负责牵头组建产品团队，选择优秀的技术、研发、设计人员加入。企业中可以存在多支产品团队，由于每支产品团队负责一个系列产品的研发，负责从需求调研、设计、材料、工艺、生产到推广上市的全过程，并对产品的最终利润负责。当然，根据责、权、利对等原则，产品团队也将享受最大比例的产品分润。另外，如果成本允许，企业甚至可以允许两支团队同时研发一款产品。由于每支团队的设计理念和实现方式不同，这就相当于产品在上市前先在企业内部进行了试错和竞争，胜出的产品未来的成功率更高。

产品团队要负责从新产品研发到推广上市的全部流程，但产品团队以技术人员为主，擅长的是"技术思维"，欠缺市场、销售、生产、材料和财务等方面的经验。所以，产品团队必须吸纳市场、销售、生产、采购和财务等方面的优秀人才加入，或使其作为外脑提供支援，尽量避免研发人员的认知盲区，减少产品在研发阶段可能产生的设计缺陷。

市场部门负责前期的客户、竞品和行业调研，基于对需求、产品结构和竞争的分析，撰写新产品提案，并提交给产品团队。在产品研发中期，市场部门要根据新产品的定位做出新产品的市场推广方案，保证传播的内容符合产品定位，达到预期的推广效果。在产品研发后期，市场部门要提炼产品的功能与卖点，制作销售工具，为销售人员提供有力的支持。

销售部门要向产品团队提供客户对产品的要求和意见、市场的竞争情况以及销售环节对产品的特殊要求，让客户需求和市场信息能够为产品研发提供参考。销售部门的早期介入不仅会对产品研发产生积极作用，还会对销售策略的制定提供极大的帮助。

生产部门要向产品团队提供材料、品控、工艺、工序和工期方面的建议，以确保产品的质量、工艺和工期能够达到设计的要求。

采购部门根据产品的工艺、质量和工期要求，向产品团队提供原料和零部件采购及成本预算方案。

财务部门在产品研发初期就要核算成本、收入、利润等数据，以便对投资回报及回报周期做出预测。

产品团队综合所有的研究、数据和建议，撰写新产品立项报告。报告包括以下内容：客户定位、客户需求、需求频次、使用场景、市场容量、成本和价格、规格和外观、与竞品的关系、与现有产品的关系、技术、材料、工艺、品控、生产周期、供应商情况、财务预算等。产品团队将新产品立项报告提交给产品评审委员会，由产品评审委员会投票决定是否立项。产品评审委员会由企业高管、市场部、销售部和财务部人员组成，若超过半数投赞成票，新产品即可立项实施。

产品经理人制是一种基于"客户导向"的产品研发机制，它将产品研发和市场需求贯通起来，使产品在立项阶段就进入了营销系统，与生产、推广、销售实现了对接。由于产品团队的绩效会与产品的最终市场表现挂钩，这会促使研发人员积极关注市场，广泛征求各方意见，将市场思维导入产品研发环节，大大提升产品的成功率。

为了打造具有生命力的长销产品，产品团队拥有了更长远的眼光。他们会认真分析客户需求和市场趋势，做出产品的系列规划。他们会根据优先品类、产品升级和上市节奏的概念，去打造每一年度的畅销产品。

产品经理人制使企业形成了"经营围绕产品团队展开，研发围绕客户展开"的局面，企业内的所有资源都会向产品团队靠拢，随时为产品团队提供支援。产品团队成为企业的发动引擎，研发人员的潜能被极大地激发，一旦他们打造出超级产品，就会为企业开辟一个新的市场，甚至延展成一个生态，为企业带来难以估量的前景。

产品经理人制也是一种有效的激励机制，由于产品的销量和利润一目了然，所以大家的绩效就很容易评估。根据责、权、利对等原则，产品团队将获得最高的分润比例，而提供支援的市场、销售、生产、采购和财务等部门也将获得相应比例的分润。这里提供一个分润比例供参考：产品团队25%，市场营销团队10%，企业保留50%，其他支持部门分享余下的15%。

既然建立了产品经理人负责制，所有人都必须遵守游戏规则，都要维护产品研发的独立性。任何人不得插手产品研发，否则这个制度将无法持续，以"产品团队"为核心的经营体系就会崩溃。产品经理有权拒绝一切干预行为，即使企业高管也不能干预产品研发，你可以去提意见、去做协调服务工作，也可以通过正当的途径，如加入产品评审委员会去发表自己的见解，行使自己的权利，但不能干预产品经理的工作。

# 品 质
## ——消费升级时代，品质也要升级

### 我们正处于消费升级的时代

产品从来都不是有没有的问题，而是品质好不好的问题、有没有竞争力的问题。营销不是广告轰炸、误导宣传、强势推销或者商业策划，只有做好产品、做好服务，才能真正赢得客户，做到持续经营。

过去，质量是品质的代名词。但现在，品质的内涵在不断延伸，消费者已不满足于产品的质量和功能，而是希望产品能给他们带来美的享受，提升他们的生活品位。另外，品质也包括了消费者与产品接触的全过程。比如咨询、购买、使用和服务，这些地方处处都能体现产品的品质。

中国经济在经过近二十年的高速发展之后，现已步入第三次消费结构升级阶段。"80后""90后"已经成为消费市场的主力军，他们不再满足于产品的功能性需求，而是更加注重产品的内涵和体验，他们希望产品能够更智能、更美观、更有格调、更能张扬个性，这是中国消费市场正在经历的一次最为深刻的变革。谁能跟上这个趋势，谁就能赢得新生代的心，赢得未来。这就是近几年来小米、网易严选、名创优品以及各种娱乐APP获得高速增长的原因。

### 领导要亲自抓产品

一个优秀的企业家首先是一个优秀的产品经理，如乔布斯、马化腾、雷军和周鸿祎，其次才是一个领导者。

在企业里，领导不重视产品，就没有人重视产品。领导亲自抓产品，产品才有希望。抓产品要从使用产品开始，产品看上去和用起来是两回事，产品每天都要使用，只有在反复的使用过程中，你才能真正体会消费者的感受，你才能知道哪些地方需要改进。另外，还要反复体验产品的购买、运输、拆封、安装、调试、使用、保养和维修这一系列环节，体验的次数越多，发现需要优化的地方就越多。而且，在这个过程中，领导能更客观地了解客户的需求，认识竞争的环境，明确产品的定位，为企业的经营决策提供第一手资料。

日本7-11的创始人铃木敏文在其《零售的哲学》一书中提到，红豆糯米饭团在刚被研发成型时，他试吃过后并没有尝到糯糯的口感，于是他找到研发负责人询问原因。负责人告诉他制作红豆糯米的方法和普通米饭一样是用锅蒸熟的，因而导致口感上有所差异。铃木敏文要求他改变制作方法，引进新设备，要做出原汁原味的糯米饭团。开发团队对糯米的种类、淘洗方法、浸泡时间、红豆的选择等所有的要素都重新研究，克服了难关，终于让这一产品获得了极大的成功。

铃木敏文还有一个很重要的习惯，就是每个周末的中午，在健身完毕后都会顺路进入几家7-11便利店，为家人和自己购买便当作为午餐。一来为了观察店内的运营情况，二来为了检验产品是否一如既往地保持高品质，这是他每周的例行功课。

名创优品是一家线下的生活优品零售商，成立于2013年9月。名创优品在短短四年时间里在全球开店两千六百多家，2015年营收突破7.5亿美元，2016年营收近15亿美元，2017年营收突破18亿美元。名创优品的创始人叶国富说："名创优品为什么能成功，因为我对产品和设计非常重视。在我们公司，财务找我、行政找我，先放一边。产品经理找我、设计师找我，赶快坐，咱们聊，聊到中午不吃饭也可以。这就是企业一把手对产品和设计的重视程度，不管企业做多大，企业一把手不重视也没有办法，推动不了。"

## 必须掌握核心科技

产品研发具有一定的风险性，投入很大，周期很长，很难在短期见效，企业还有可能判断错趋势，导致押错宝。所以，很多企业不愿在产品研发上投入过多的时间和精力，而是先做出一款"差不多"的产品，然后将主要精力放在市场推广上,希望尽快为企业带来回报。

但是,技术代表了未来,你不能掌握核心技术,就会受制于他人,就会在市场竞争中处于弱势。企业不能依赖市场规模和人口红利来实现发展,这种增长难以为继。技术是产品的核心,需要长抓不懈。企业必须依赖自主创新,掌握原发性技术,才能掌握竞争的主动权,掌握自己的命运。产品的进步始终是与技术的进步紧密相关的,尤其是科技类、电子类等高科技产品。华为和格力这两家企业走的就是技术路线,他们依靠在技术上的长期投入,建立了自己的竞争优势,确立了在业内的领先地位。

华为以"贸工技"路线起家,在创业的前十年,华为依靠"引进产品,国内销售"的战术获得了第一桶金。但是,华为发现这样下去没有出路,没有产品附加值,无法与世界级企业展开竞争,于是逼迫自己走上了"技工贸"的发展道路。经过二十多年的努力,华为成为世界知名的高科技企业,业务扩展到170多个国家和地区,服务全球1/3以上的人口。世界知识产权组织公布的数据显示,2015年华为以3898件专利申请数连续第二年位居榜首。

2017年底,欧盟委员会发布了《2017全球企业研发投入排行榜》,此榜单对全球2500家大型企业在2016—2017年度的研发支出情况做了排名。大众汽车在2017年以137亿欧元的研发投入排名第一,紧随其后的是谷歌、微软、三星、英特尔、华为、苹果等企业。中国企业华为以104亿欧元超过苹果(95亿欧元),排名全球第六,位居中国第一,是唯一进入TOP50的中国企业。根据欧盟委员会的统计,华为在过去十年中研发投入总额达450亿美元。2017年,华为全球研发投入104亿欧元,占营收的19.2%。华为坚持每年将10%以上的销售收入投入研究与开发,依靠多年来连续高水准的研发投入,华为在近三十年的发展中得以保持强大的竞争力。基于持续的创新和产品改进,华为的销售额持续增长。2016年华为销售收入为5200亿元,同比增长32%;手机发货量为1.39亿台,同比增长29%;华为消费者业务销售收入为1780亿元,同比增长42%。

## 不必担心高品质产品的价格会稍贵

　　高品质必然会带来高成本，一些企业担心提高价格会影响产品的竞争力，所以放弃了对一些高品质产品的研发。其实这永远不是一个问题，企业首先需要考虑的是产品的价值，其次才是价格，只要你的产品拥有足够的价值，能够满足消费者的期望，消费者就会为这部分增加的价值买单。品质和价格相比，品质更为重要，价格是一个心理因素，消费者购买的是他们心中的价值，而非标签上的价格。如果企业能够提供满足消费者心理价值的产品，价格问题消费者自己会解决。

　　苹果公司的第一代iPhone于2007年6月29日发售，售价高达5000元人民币。iPhone首次采用了多点触控感应"电容式触屏"，用户可以使用手指在触屏上滑动进行操作，颠覆了传统的按键式设计，一上市就引起了消费者的追捧。在2007年，市面上传统的按键式手机售价多在1000元左右，iPhone的售价高出近4000元，但事实证明消费者认为用4000元来换取iPhone的体验是值得的。

　　日本7-11的创始人铃木敏文在其《零售心理战》一书中提到，在2011年12月，7-11集团和三得利集团共同研发了一种高品质的罐装啤酒"农场直送麦芽纯生啤酒"，由百分之百的精品麦芽制造而成。虽然每罐售价高达138日元，但7-11只花了一个月时间就完成了预计三个月的销售目标。

　　2013年4月，7-11推出了面包中的高端产品"黄金面包"。"黄金面包"百分之百选用了高端的特制小麦粉，添加了产自北海道的生奶油和加拿大进口的蜂蜜。一袋"黄金面包"售价为250日元，比普通面包高出了50%以上。尽管如此，它依然得到了消费者的大力支持，上市仅两周，销售量就突破了65万个，营业额超出预期的1.5倍，短短四个月共售出了1500万个，成为当之无愧的畅销产品。

### 消费者喜欢什么样的产品？

消费者在购买产品时最看重哪几个因素呢？首先是外观（好看），其次是功能（好用），最后是易用（方便舒适）。

为何外观会超越功能成为消费者最看重的因素呢？在产品极为丰富、市场充分竞争的时代，产品功能的差异越来越小，产品颜值就成为最吸引消费者的因素。消费者已不仅仅满足于产品的功能，还希望产品能带来美的享受，愉悦自己的身心，提升自己的品位。

人类是视觉动物，85%以上的信息是通过眼睛来获取的。我们总是以貌取人，第一印象留给我们的记忆最为深刻，并有可能伴随我们一生。我们了解一个产品也是先从外观开始，多数情况下，我们第一眼看到的产品，就是我们最终购买的那个产品。美观的产品具有天然的亲和力，特别容易被大脑记忆。我们总是被美观的产品吸引，甚至念念不忘。尤其对于女性和儿童而言，"好看"是其无法抗拒的诱惑力，是超越所有其他特征的最重要的标准。

苹果公司的第一代iPod于2001年10月23日发布，iPod是一个迟到者，当时市场上已经存在众多的MP3音乐播放器品牌，包括索尼、三星等。让人们没有想到的是，iPod几乎在一瞬间就改变了整个MP3音乐播放器的市场格局，迅速成为市场占有率第一的品牌。iPod甚至改变了整个音乐行业，与iPod相伴的iTunes已经从一款音乐管理应用发展成为销售额数十亿美元的在线商店，所有大型唱片公司都与苹果签订了合作协议。iPod最重要的竞争力就是漂亮，它的设计非常简洁，具有美学吸引力，获得了多个国际设计奖项，引领了年轻人的时尚潮流。戴着iPod走在大街上，会吸引众多人羡慕的目光。虽然价格更高，但仍然引起了全世界年轻人的追捧。

第二个因素是功能，也就是好用。产品好看不好用，就成了摆设。产品在美观的前提下，一定要更好地满足消费者的功能性需求，甚至超出他们的预期。例如，电饭煲不仅要能将饭做熟，还要做香、口感要好、加热均匀、不糊锅，做到防水、易清洗；洗衣机要洗净度高、省水、省电、噪声低、振动小、易清洁、不损衣物、上水管和下水管设计合理、易安装、上水管不漏水、下水管不反味、洗衣程序设计合理；房屋要布局方正、户型合理、使用率高、采光度好、隔音好、建材质量好、施工质量高、厨卫功能设计符合操作流程和人体工程学。这些都是产品的基本功能性需求，这些做不好，产品就失去了基本的竞争力。

第三个因素是易用，就是产品在满足功能性需求的同时，也要让消费者很方便地使用，并有舒适享受之感。例如，洗衣机除了能够洗净衣物外，操作也要很简单，按键要少，一目了然，操作时还不用弯腰。现代科技在日趋先进的同时也带来了复杂，面对很多电子产品复杂的操作界面，我们往往手足无措。所以，企业更有必要考虑消费者的使用体验，简化产品的操作界面和使用程序，减少华而不实的功能和装置，使消费者在使用时更方便、更舒适。

## 好品质并不是 100 分

企业应该以完美主义的态度来研发产品，力求每一款产品都震撼人心。但是，世界上并不存在完美的产品，完美是相对的，是阶段性的，不然还怎么推出新产品呢？

如果你是一位企业领导，你认为一款新产品打到多少分，才能达到上市的条件呢？也许是 100 分，也许是 80 分，也许是 60 分，其实这些都不重要。因为这些标准都是来自你的视角，并非来自消费者的视角。上市只需要满足两个条件：一是产品能够更好地满足消费者的需求；二是相较于竞品具有竞争优势。消费者并非追逐完美的产品，而是能更好地满足他们的需求的产品，是相较于竞品有竞争力的产品。具备这两个条件，产品就可以上市了，接下来再不断改进、迭代，形成一个产品系列。

# 价　格
## ——高价 VS. 低价

### 价格是重要的竞争力

消费者在购物的时候，通常会考虑两个因素：一是产品喜不喜欢；二是价格贵不贵。产品又喜欢，价格又不贵，消费者就很难找到拒绝的理由。

理论上，有三个因素会影响价格：供求关系、综合成本和竞争关系。其中，供求关系是决定性因素，产品供不应求时价格就会走高，产品供大于求时价格就会走低；综合成本是价格的底线，价格低于企业的综合成本，企业就会亏钱；而竞争关系则决定了企业最终会在最高价格和最低价格之间确定一个有竞争力的价格。

很多人持有这样的观点：价格由成本来决定，成本高，价格就应该高；成本低，价格就应该低，价格约等于产品的综合成本。例如，一瓶饮用水的综合成本是 2 元钱，那么这瓶水的价格就应该是 2 元钱。现在做一个假设：这瓶水到了沙漠，它可以挽救一个人的生命，这个人愿意花多少钱来买这瓶水呢？此时决定价格的不是成本，而是需求，价格是消费者对于交易而愿意支付的代价。如果价格由成本来决定，那么这世界上所有的奢侈品企业都要破产，也就不会有品牌溢价这一说法。

价格由需求来决定，而非成本。简单地说，你不饿的时候，一个馒头在你眼中的价值是一元钱，而当你饥肠辘辘的时候，你愿意用身上所有的钱来换这个馒头。价格是产品在消费者心中的价值，消费者认为产品的价值高，他们就能接受较高的价格。消费者认为产品没有价值，即使企业亏本卖，消费者也不会买。所以，价格不仅是一个经济学概念，更是一个心理学概念，价格是消费者对于产品价值的一种心理预期。

价格等于产品的综合成本与附加值之和，附加值决定了产品利润的多少。奢侈品之所以能卖高价，是因为产品的附加值高，奢侈品提供的不是使用功能，而是身份认同。如果产品能提供消费者想要的荣誉、尊重和刮目相看，它就能够值这个价钱。

价格策略无非有两种，一种是低价策略，另一种是高价策略。没有绝对的好与不好，这两种策略都有可能成功，关键是企业能否为产品的价格提供一个合理的理由，并能够让消费者信服。

任何产品都应尽量保持相对稳定的价格（个别金融产品除外），不可频繁调价或挑起价格战，价格频繁变动会摧毁产品的价值体系，让消费者对产品失去信心。尤其是奢侈品，频繁变动价格会对品牌和信誉造成伤害。产品宁可下架，也不要随意降价。大众消费品则有所不同，大众消费品是生活必需品，使用频率高，产品附加值低，价格和成本关系密切，对竞争更为敏感。所以大众消费品的价格必须与市场走势保持一致，否则就会在竞争中陷入被动。

## 价格决定规模

不论你的产品是走高端路线还是亲民路线，都没有绝对的好与不好，只要你能专注于自己的核心竞争力，将优势发挥至淋漓尽致，就有可能造就一家成功的企业。只不过，这两条路线的走法截然不同。价格低，会覆盖更广泛的消费者，企业规模有机会做得很大，但资金投入多，经营难度高，竞争压力大。价格高，目标消费群就较窄，企业规模会受限，但资金投入少，资源会相对集中，经营难度较低。

在 2017 年《财富》世界 500 强排行榜中，排名位居前列的都是一些大众消费品企业，或是与大众消费紧密相关的企业（见表 1）。奢侈品企业因消费群体过窄，规模不可能与大众消费品企业相提并论。

表 1　2017 年《财富》世界 500 强排行榜　　单位：亿美元

| 排　名 | 企业名称 | 2016 年收入 |
| --- | --- | --- |
| 1 | 沃尔玛 | 4859 |
| 5 | 丰田汽车 | 2547 |
| 6 | 大众汽车 | 2403 |
| 26 | 亚马逊 | 1360 |
| 36 | 好市多 | 1187 |

资料来源：财富官网。

我们再来看一下2016年大众汽车旗下各品牌的销售收入情况：奥迪销售收入593亿欧元；保时捷销售收入223亿欧元；斯柯达销售收入137亿欧元；宾利销售收入20亿欧元。最高端的宾利收入最少，仅为20亿欧元。

在中国也一样，2017年中国民营企业500强排行榜显示（见表2），作为大众消费品企业的苏宁、联想和京东分别位列第二、第六和第八位，其他几个企业都是通信、冶金、批发、化工和综合类企业，前十名中没有奢侈品企业。

表2　2017年中国民营企业500强排行榜　　单位：亿元

| 排名 | 企业名称 | 2016年收入 | 行业 |
| --- | --- | --- | --- |
| 1 | 华为投资控股有限公司 | 5215.74 | 通信和其他电子设备制造业 |
| 2 | 苏宁控股集团 | 4129.51 | 零售业 |
| 3 | 山东魏桥创业集团 | 3731.83 | 有色金属冶炼和压延加工业 |
| 4 | 海航集团 | 3523.32 | 综合 |
| 5 | 正威国际集团 | 3300.19 | 有色金属冶炼和压延加工业 |
| 6 | 联想控股 | 3069.53 | 计算机、通信和其他电子设备制造业 |
| 7 | 中国华信能源 | 2909.50 | 批发业 |
| 8 | 京东集团 | 2601.22 | 互联网和相关服务 |
| 9 | 万达集团 | 2549.80 | 综合 |
| 10 | 恒力集团 | 2516.48 | 化学原料和化学制品制造业 |

资料来源：中华全国工商业联合会官网。

## 低价策略

有很多知名企业是以优质低价作为经营理念的，并以其卓越的供应链管理能力成为行业领导者，如沃尔玛、宜家、好市多、小米、优衣库、7-11、名创优品等。沃尔玛的价值观是"省钱，使生活更美好"。小米承诺"小米硬件综合净利润率永远不会超过5%"。名创优品的产品策略是"三高、三低"，即高颜值、高品质、高效率；低成本、低毛利、低价格。

以低价售卖产品是一种非凡的能力，它是在整个供应链效率不断提升，成本不断下降的前提下实现的。实施低价策略的产品通常是生活必需品，这种产品消费频率高，与成本、竞争的关系更为密切，消费者对价格也更为敏感。

企业要认识到价格始终是一种重要的竞争手段，价格并非一成不变，而是要与市场趋势保持一致。行业周期在变化，竞争格局在变化，原材料价格在变化，供求关系在变化，如果价格与市场趋势相背离，消费者就会去选择更合理的价格，抛弃不合理的价格。

价格竞争的本质是成本和效率的竞争，能够主动引领价格的一定是在成本和效率上更有优势的企业，通常也是这个行业的领导者。如果一家企业在成本和效率上不占优势，千万不可挑起价格战，否则会在随后的竞争中陷入被动。

好市多（Costco）是全球第一家会员制仓储零售商，是世界第二大零售商。它的经营理念是"以低价格提供高品质商品"，好市多将商品毛利率控制在1%~14%，毛利率超过14%的商品都要经过CEO特别批准。优质低价是好市多的核心经营理念，所有的经营手段都围绕着这一核心。好市多要保证同样品质的商品，在好市多价格更低；同样价格的商品，在好市多品质更好。好市多采取很多措施来最小化运营费用，例如，只购买或租用郊区高速路附近非常廉价的土地；简化卖场布局，采用仓储式陈列；取消导购员，用高于行业水平的薪酬来激励员工高效工作；几乎不做广告，仅靠口碑宣传；依靠高周转率摊薄仓储费用；减少货物周转环节，30%的货物由厂家直送门店，70%的货物由厂家送至中心库。

雷军在一封企业内部信中提到，小米董事会批准了一项决议，小米正式向用户承诺，每年整体硬件业务（包括手机及IOT和生活消费产品）的综合税后净利率不超过5%。如超过，我们将把超过5%的部分用合理的方式返还给小米用户。我们紧贴成本定价，把实惠留给用户，用户会始终支持我们。"利小量大利不小，利大量小利不大"，薄利多销也会有合适的利润。

## 高价策略

当消费者到达一定社会阶层，拥有了雄厚的经济实力时，他们就不再满足于物美价廉的产品,进而追求个人价值的体现,他们倾向于购买高质、高价的产品,以获得他们想要的荣誉、尊重和刮目相看。

高端消费者关注的是产品的附加值,是产品带给他们的荣誉和尊重。高价产品的背后必须有品牌、品质、历史、文化和工艺作为支撑,这是高价产品能够维持高价的原因。如果你想走高价路线,就必须为产品找到支撑高价的理由,如具备以下四项中的某些特质:

(1) 著名品牌,历史悠久,文化深厚(和皇室、明星、名人建立关系)。

(2) 品质卓越,工艺精湛,技术含量高。

(3) 产品稀缺,少有竞争者。

(4) 个性化定制,手工制作,艺术价值高。

每一款产品都有自己的价格定位,都有自己的身份属性,并拥有相对固定的顾客群。高价产品卖的是荣誉感、尊重感和优越感,而不是功能或性价比。所以,高价产品必须保持价格的稳定,不能采用价格战,降价不仅不会提升产品销量,反而会引起顾客对品牌的质疑,失去他们的信任。

劳斯莱斯汽车的价格区间在 400 万~800 万元人民币,它的目标顾客群为顶级富豪。如果劳斯莱斯想扩大销量,将价格降到 80 万元人民币,劳斯莱斯的形象就会受损,顶级富豪会转而选择宾利或迈巴赫。中产阶级也不会选择劳斯莱斯,因为劳斯莱斯的性价比远不如宝马、奔驰、奥迪和雷克萨斯,它的经营体系和资金也支撑不了这样的竞争。

*红旗轿车的失败就在于此,红旗轿车将价格降到 20 万元,直接陷入丰田、大众、通用和福特的围剿。无论是在性能、价格、服务上,还是在资金和营销上,红旗都处于绝对劣势,红旗的降价行为将自己陷入万劫不复之地。*

## 制定合理的价格体系

想拥有价格的竞争优势就要建立合理的价格体系,而价格体系的背后是产品体系。

企业要将所有的产品按价格从高至低进行排序,按价格将产品分为高、中、低三档,从每一个价格档位中挑出一款最畅销的产品,然后删除掉其他产品。保障在每一个价格档位中只有一款产品,这样就能避免内耗,避免自身产品之间的竞争。

然后,将这个产品列表和竞争对手的产品列表进行比较。保证在相同价格的区间内,你的产品品质更高;相同品质的产品,你的价格更低。根据这一原则去调整产品价格,建立每一款产品的竞争优势。

建立了合理的产品体系,就拥有了竞争的主动权。产品既能覆盖更全面的顾客,避免产品断档带来的顾客流失,还能避免自身产品之间的竞争,拥有价格的竞争优势。另外,企业要尽量保持产品价格的稳定,避免价格频繁波动和大起大落。产品体系稳定下来后,企业就能将精力聚焦于核心产品的研发,集中精力去打造系列化的畅销产品。

# 服　务
## ——服务与产品同等重要

服务和产品同等重要。客户在还没有看见产品的时候就已经体验到了服务，服务不佳，你根本就没有机会向客户推荐产品，客户宁愿花更多的时间去寻找服务更好的企业。即便是老客户，他们也需要时刻感受到企业的关怀，否则他们也会失望地离开。

从第一次拜访客户到最终成交可能需要一个月，甚至数月不等，而因为服务不佳失去客户只需要一秒，你付出的所有时间和精力都会付之东流。客户离我们而去，我们就需要不断地寻找新客户，毫无效率可言。客户还会将他们的不满告诉身边的亲朋好友，使新客户开发越来越难。

客户购买的不仅是产品，也包括服务。服务和产品本是一体，不能分割，任何不好的感受都会降低客户的体验。并且服务比产品更难提升，产品是标准化的，而服务千人千面，很难形成标准。所以，服务是很多企业的短板。然而，提升服务是必由之路，优质服务不仅能提升客户的满足度，还能为企业带来更多的收益。客户保持的周期越长、回头客越多，企业的利润就越多，营销费用也就越低。同时，忠诚的客户还会带来关联销售，他们会向亲朋好友积极推荐你的产品。所以，服务是企业保持长期获利并赢得竞争优势的关键。

### 服务的误区

服务不佳，主要是因为企业对服务存在着认知误区。一种是企业认为服务是制度；另一种是企业认为服务是成本。

很多企业将服务作为制度固定下来，要求所有员工都按照制度严格执行，于是服务就变成了工作规范，失去了服务本该拥有的温度和弹性。所以，我们就会经常从员工的口中听到这句话："对不起，这是我们的规定。"要知道，这句话一出口，客户就不再是你的客户了。如果企业将服务作为硬性的制度，制度就会成为拒绝服务的借口。

服务不是制度，而是文化；不是要求，而是意识。企业要让服务上升到企业文化的高度，让服务客户成为员工的价值导向，让员工拥有自主服务客户的权限，这样员工才会主动帮助客户解决问题，即使不能马上解决也会积极寻求协调方案。

还有一些企业将服务当作成本，他们认为服务是企业的额外支出，会增加企业的负担。多一事不如少一事，能不提供服务则不提供服务。所以，当我们购买了产品以后，企业就像换了一张脸，不再主动联系我们。当我们主动寻求帮助时，企业总是推三阻四。

营销不是简单的买卖关系，把产品卖出去就履行完毕，营销是让客户享受优质产品的同时，还能享受优质的服务。成交不是企业与客户关系的结束，而是开始。客户的满意度、忠诚度决定了企业的长期利润。所以，服务不是成本，而是商机，客户对服务满意，企业的生意才会越来越好。而服务不佳则会使客户心生不满，导致客户流失。企业要去弥补声誉，归零重来，这才是最大的成本。

海底捞是国内领先的餐饮企业，海底捞的服务广受赞誉，华为、小米等企业都在向海底捞学习服务。海底捞董事长张勇对服务有如下的观点："我们不能总是站在自己的角度上考虑问题，我们一定要站在别人的角度考虑问题。比如一个顾客到了海底捞要等座，座位也没有，一点小吃也没有，人家一定就不等了，而不等的结果就是我们没有收入。所以，我们必须在这种情况下增加一种服务，而增加这种服务的成本实际上是微不足道的。如给客户退菜，对于我们来说，食材成本是很低的，所以一定不要因为这么一点成本跟客人发生冲突。一些人都只算自己的账，不算员工、同事、顾客的账，所以合作者只会越来越少。做生意一定是要赚钱的，只是不能太短视，不能只是说这一单赚了多少钱。比如说顾客吃火锅，都喊咸了，这时应该给顾客免单的。因为顾客消费的产品是一个不合格的产品，这个损失一定是要由商家承担的。"

## 如何做好服务？

服务绝对不是狭义的售后维修服务。服务包括售前、售中和售后的所有环节，从客户咨询、选购、配送、使用、保养、反馈、投诉到维修的这一系列过程都是服务。服务不是亡羊补牢，而是未雨绸缪，服务要做在客户要求之前，这样才能避免给客户带来困扰，才能打造真正优质的服务。

产品和服务不能分开，它们本来就是一个整体，好产品就要有好服务。不然产品100分，服务50分，平均下来客户的综合感受只有75分，吃亏的还是企业。服务甚至可以弥补产品上的不足，服务有温度、有弹性、有情感、更具个性化，能够有效提升客户的心理满足感，超出客户的期望。

服务是由员工提供的，员工的服务态度决定了服务的品质。企业要招募有责任心、乐于奉献、积极乐观的员工，给予他们有尊严的收入，让他们真正喜欢自己的工作，拥有工作上的成就感，这样他们就会自然地为客户提供优质服务，并将自己的快乐和满足传递给客户。

沃尔玛公司的创始人沃尔顿在其自传中写道："你越与员工共享利润——不管是以工资、奖金、红利，或股票折让方式——源源不断流进公司的利润就越多。为什么呢？因为员工们会不折不扣地以管理层对待他们的方式来对待顾客。而如果员工们能够善待顾客，顾客们就会不断地去而复返，而这正是该行业利润的真正源泉。仅靠把新顾客拉进商店，做一笔生意算一笔，或不惜工本大做广告是达不到这种效果的。顾客称心满意，反复光临，是沃尔玛公司惊人的利润率的关键，而那些顾客之所以对我们忠诚，是因为我们的员工比其他商店的售货员待他们更好。所以，在沃尔玛公司的整体规划中，建立商店员工与顾客的良好关系被视为最为重要的部分。"

### 建立客户管理系统

服务客户建立在对客户的了解上，企业越了解客户，就越能为客户提供及时有效的服务。企业需要将分散的客户信息集成起来，对所有的客户信息进行梳理、归档，实现统一规范的客户管理，使客户信息在企业内实现共享，有效提升企业的服务水平。

通过客户管理系统，企业实现了客户信息的全面整合，通过对客户信息的进一步分析和研究，企业能判断出不同客户的属性，以及他们对企业的贡献度。这样，企业就能为客户做出细分，为他们提供个性化的、差别化的服务。科学、规范的客户关系管理，有助于企业更多地了解客户需求，使企业在第一时间把握客户变化，及时采取相应措施，为客户提供更快捷与周到的服务。

丽思卡尔顿酒店拥有"经营之王"的称号，以提供优质服务闻名。十几年前，丽思卡尔顿酒店在开始建立客户服务系统时，给每个员工发了一个笔记本，用于记录客人的喜好，以便下次客人来访时，能提前按照客人的喜好布置好房间，增添一些额外元素。这一习惯保留至今，丽思卡尔顿会捕捉客人的每一个细节，将他们的信息输入数据库，今后不管他们入住全球的哪一家丽思卡尔顿酒店，他们都能提前了解客人的需要，为客人提供个性化的服务。

丽思卡尔顿的服务准则是："立刻让客人满意是每个员工的责任，任何人只要听到客人的抱怨，就有责任去平息客人的不满，直到客人满意为止，并且将事情记录在案。以客人得到真诚关怀和舒适款待为最高使命，承诺为客人提供细致入微的个人服务和齐全完善的设施，甚至还能心照不宣地满足客人内心的愿望和需求。"

# 品 类
## ——以少胜多

品类，顾名思义就是商品的分类。关于品类有各种不同的理解，例如，手机有不同的品牌，包括苹果、三星、华为、vivo、OPPO、小米等；而苹果公司不仅生产手机，还生产 Mac、iPad、Watch、Music 等产品；iPhone 产品下又有 iPhone 7、iPhone 8、iPhone X 等型号。在本书中这三种情况都属于品类的范畴。

**是不是产品的品类越多，销售额就越高呢？**

苹果公司的第一代 iPhone 于 2007 年 6 月上市，当年诺基亚在市场上销售的手机型号有 55 种以上，加上摩托罗拉、索爱、三星等其他手机品牌，型号不计其数。结果苹果以一款手机横扫天下，彻底改变了手机市场的格局，从此手机行业分为 iPhone 前时代和 iPhone 后时代。

事实证明，不是你的品类多，消费者选择你的机会就多，销售收入就多。而是你的产品竞争力强，消费者就会选择你，你的产品就会成为畅销产品，从而创造最多的销售收入。

很多企业会采用多品类战术，这是不自信的表现，企业没有能力打造具有核心竞争力的产品，才会扩大产品的品类，试图用试错的方式，增加消费者选择自己的机会。然而，这种乱枪打鸟的成本实在太高，资源被分散，资金被稀释，增加了管理的难度，还无法集中精力打造核心产品。另外，过多的品类也增加了消费者的选择难度，消费者面对眼花缭乱的产品，很难从中找到最适合自己的那一款，反而给消费者造成了麻烦。

## 零售企业的品类管理

零售企业通常主张品类的多样性和丰富性，因为足够的品类才能聚集客流，才能产生足够的复购率。但是品类也不是越多越好，品类太多，管理难度就大，成本就高，产品周转率就会下降，紧接着就会带来资金的压力。零售企业要根据自己的管理能力、资金情况和客流情况来确定自己的品类，盲目的品类扩张对零售企业同样存在风险。

凡客最初的定位是品牌自营电商，主要经营凡客品牌的服装产品。在2010年鼎盛时期，凡客拥有超过1.3万名员工和30多条产品线，营收超过20亿元。2011年起凡客开始进入品类大跃进时期，将品类扩张到家用电器、化妆品、家居用品等领域。凡客还将平台开放，允许"第三方品牌"入驻，大量的"第三方品牌"尾货涌入凡客仓库，SKU（Stock Keeping Unit，最小存货单位，每种产品均对应有唯一的SKU号）最高时达到19万个。过多的SKU导致商品质量下降，管理难度增大，品牌辨识度降低，库存积压，资金周转出现问题。2011年是凡客由盛转衰的转折年，2011年末凡客库存达到14.45亿元，总亏损近6亿元。

我们来看看美国零售企业好市多（Costco）的品类管理。好市多是全球第一家会员制仓储零售商，是世界第二大零售商。好市多在2017年《财富》世界500强排行榜上居第36位，营业收入1187亿美元，利润23.5亿美元。阿里巴巴在2016年的营业收入为157亿美元，好市多的收入是阿里巴巴的7.6倍。

好市多的商品种类非常广泛，包括食品、药品、家电、服装、电脑、汽车等，可以一站购齐家庭所需生活用品。但好市多平均每家店的SKU只有3700个（沃尔玛的SKU超过20000个），每一件商品都经过精挑细选才能上架，想引进一件新商品，必须先淘汰一件旧商品。在每个细分的商品品类中，好市多只选择两种到三种。如微波炉，只有三个品牌，定价也区分了高中低三个档次。

产品货架是有限的，更少的SKU降低了好市多的运营成本，好市多的运营费用占总收入的比重为9%，而沃尔玛是19%。更少的SKU还有助于提高商品周转率，好市多的库存周期平均只有29天，而沃尔玛的库存周期则要45天左右，好市多的库存周转率是沃尔玛的1.6倍，坪效比是沃尔玛的2倍。更少的SKU使好市多的供应商非常集中，所以单品类的进货量非常大，从而能够获得更强的议价能力，得以践行低价格、高品质的经营理念。

精简的品类策略也为顾客带来了好处，好市多售卖的牙膏只有4种，而沃尔玛有60种，多到让顾客根本无法选择。好市多为顾客精挑细选每一件商品，所以顾客不用琢磨它好用不好用，直接拿走就行，降低了顾客的选择成本，节省了顾客的宝贵时间。

企业希望用琳琅满目的商品来捕获更多的顾客，但是品类过多反而让顾客难以选择，不同的功能、外观、颜色和价格让顾客眼花缭乱，让购买决策变得更加困难。

零售行业的明星企业7-11、无印良品、名创优品、网易严选也都同样遵循了品类精简、商品严选的原则，他们将管理目标聚焦于SKU、周转率和坪效比，严格把控从原料、生产、质检、销售到售后的各个环节，与大牌制造商合作，剔除品牌溢价和中间环节，致力于为顾客提供低价格、高品质的商品。

雷军对小米之家的品类管理有过如下表述："我的研发总成本很高，可是我的型号数量少，卖的量大，分摊到每一个产品的研发成本就会极低。减少型号数量以后会带来所有方面的节约，比如说维修成本、仓储成本、推销成本等会全部锐减。你们去我们小米之家店的时候会发现每一个种类的商品其实都只有一两种型号。"

## 品类管理的基本原则

1996年，苹果公司面临着非常困难的经营局面，其市场份额由鼎盛时期的16%下跌至4%，并且面临着10亿美元的巨额亏损。1997年，濒临破产的苹果公司向乔布斯发出了回归邀请。乔布斯回归后，从精简品类开始改革。在一次会议上，他在白板上画了一条横线和一条竖线，他在四个象限内分别写上"消费级"和"专业级"、"台式"和"便携"。他说，我们的工作就是做四个伟大的产品，这就是iBook、PowerBook、iMac和Power Mac。乔布斯停止了不合理的研发，将全部精力聚焦于这四款产品。在接下来的几年里，苹果又重新回归到人们的视线，推出了一系列令世界惊叹的产品，引发了苹果产品的消费热潮。1997年，苹果推出Power Macintosh G3、Apple Store；1998年，苹果推出创意十足的iMac；1999年，苹果推出Power Macintosh G4、iBook；2001年，苹果推出PowerBook G4、Mac OS X 操作系统、iPod数码音乐播放器。

只有精简，你的精力才能聚焦。力出一孔，你的能量才能发挥到最大。这就是"少就是多"的道理。做好品类管理必须理解80/20法则，它的大意是：在任何特定群体中，重要的因子通常只占少数，而不重要的因子则占多数，因此只要能控制具有重要性的少数因子即能控制全局。在企业经营中也体现出这一规律，表现为：20%的产品带来了80%的收入，20%的客户创造了80%的利润等。

品类过多会稀释企业的资金、品牌和竞争力，提升经营成本，降低产品周转率，还会带来管理上的混乱。品类管理的原则就是精简和适度，删除亏损产品，聚焦盈利产品，这样才能降低成本，降低库存，提高周转率，获得最高的投资回报。

## 建立合理的产品结构

要想做好品类管理，就要精简品类，建立合理的产品结构（见表3）。

将产品按高、中、低档划分,在同一功能、同一价格区间只能有一款产品,新上市一款产品就要淘汰一款旧产品。确保每个价格区间的产品要么是价格有竞争力,要么是品质有竞争力,这样竞争的主动权就把握在自己手里。

这样,既不会出现产品缺口,也不会发生产品重叠。产品缺口会导致客户流失,失去本应赚到的利润;而产品重叠会导致自身产品之间发生竞争,造成内耗。

表3 产品结构

| 产品 | 价格 | 功能 | 客户定位 | 规格 | 销售收入 | 利润率 | 回报率 |
|---|---|---|---|---|---|---|---|
|  | 高 |  |  |  |  |  |  |
|  | 中 |  |  |  |  |  |  |
|  | 低 |  |  |  |  |  |  |

品类管理围绕着盈利产品展开,要重点关注两个指标,即销售量和回报率。应建立产品回报率排名表(见表4),将产品按销售量和回报率排名,删除掉亏损产品,然后将资源向盈利产品倾斜。

表4 产品回报率排名

| 排名 | 产品名称 | 回报率 | 销售收入 | 利润 | 利润率 | 销售量 | 库存 |
|---|---|---|---|---|---|---|---|
| 第一 |  |  |  |  |  |  |  |
| 第二 |  |  |  |  |  |  |  |
| 第三 |  |  |  |  |  |  |  |
| 第四 |  |  |  |  |  |  |  |

## 二、策　略（Strategy）
——策略不对，好产品也不会畅销

有一款好产品，营销就成功了一半。但是好产品也不能自动抵达客户，从企业到客户之间是一段崎岖的路程，不会一帆风顺，如果没有设置正确的路径，采用正确的方法和步骤，提供强有力的支持，则好产品也可能会折戟沉沙。

策略就是产品的导航系统，它能为产品提供正确的航向，帮助产品避开暗礁漩涡，沿着最佳的路径，顺利地抵达客户。企业的营销策略包括商业模式、客户定位、品牌策略、渠道策略、人才策略、组织策略、业务管理、供应链策略、竞争策略和发展策略。

营销是企业的经营系统，策略体现于企业的经营之中，包括从产品立项、研发生产、品牌传播、市场竞争到渠道合作的所有方法和细节。策略在营销中起着关键的作用，产品、价格、品牌、渠道等优势都是实施正确策略的结果，每一个策略都影响着营销的结果，正确的策略会促进资源不断聚集，而错误的策略会导致资源不断减少。

2014年，联想完成了对摩托罗拉移动的收购。当时，联想智能手机的出货量在国内排名第一，全球排名第三，仅次于三星、苹果，获得了极佳的竞争态势。但接下来，联想的一系列错误决策使联想手机痛失良局。首先，联想过于依赖运营商这一单一销售渠道，当2014年运营商大幅削减对智能手机的补贴后，联想手机的销售遭遇重挫。其次，联想手机的品牌过于杂乱，有乐phone、Lenovo、乐檬、vibe、zuk、MOTO等，让消费者难以识别。联想也没有处理好摩托罗拉与联想两个品牌的关系，造成相互消耗。Moto X与iPhone的正面竞争也是一个败笔，Moto X的定价在600~700美元，直接与iPhone展开竞争，导致失败。2017年2月，联想集团公布了2016财年第三季度的业绩，手机所在的移动业务部门收入同比下跌23%，手机业务亏损1.12亿美元。全球知名调研机构GfK发布的2017年中国智能手机市场研究报告显示，联想手机在2017年国内市场的销量为179万部，排名第十，全年销量还不及华为半个月的销量。

在20世纪90年代中期，高速发展的娃哈哈集团提出以市场换技术的发展策略，计划引进国际先进的管理经验和生产工艺。1996年，娃哈哈集团开始与世界500强企业法国达能集团开展合作谈判。法国达能的谈判团队中包括专业律师，而娃哈哈则没有聘请律师，这一失误使娃哈哈付出了惨痛代价。经过谈判，双方达成的合资公司持股方案是：达能与百富勤合计持股51%，娃哈哈集团持股39%，娃哈哈美食城持股10%。

1998年，亚洲爆发了金融危机，百富勤陷入困境。达能收购了百富勤持有的新加坡金加公司的全部股权，达能成了合资公司的控股股东，娃哈哈则失去了对合资公司的控制权。之后，达能又以低价收购乐百氏、汇源果汁、光明乳业、蒙牛乳业等与娃哈哈有竞争关系的企业，开始控制娃哈哈研发和生产饮料产品，抵制娃哈哈生产乳制品。13年后，娃哈哈不得不花费1亿多元的诉讼费，向达能支付了大约3亿欧元，购回了达能在合资公司中51%的股权，结束了这段不幸福的"婚姻"。

判断力来自你所掌握的信息以及对信息的分析处理能力，每个人都有思维的局限和认知的盲区，某一个领域的专家，在另一个领域就是小白。你不可能掌握所有信息，什么都懂。企业领导也不能过分依赖自己的经验和直觉，在某一个领域缺乏经验时，一定要去寻找专家的帮助，虚心听取他们的意见，这样才能绕开风险，少走弯路。如果娃哈哈在并购谈判中聘请了法律和并购专家，就一定能够提前发现潜在的风险，避免日后失去对公司和商标的控制权。

所有的营销策略都应依据现实，要做充分的调查研究，兼顾到各方的利益，考虑到各种利弊，预估各种潜在的风险，做出风险预案。即便如此，也无法做到万无一失，因为变化都是计划外的产物，多数风险是我们无法预估的。所以，策略必须具有适当的弹性，具有纠错与调整的机能，这样才能不断地适应现实，有机会走得更远。

企业在发展中会经历无数次决策，每一个岔路的选择都会影响未来的命运。很多事情的利弊并非显而易见，背后的逻辑也错综复杂，一次决策失误就可能让企业陷入万劫不复。中国的企业普遍缺少民主意识和民主制度，在企业里通常是一言堂，领导一个人说了算。即使其他人有不同的见解，也很难去影响领导。要减少企业的决策失误，就需要建立民主的决策制度，将理智和制约引入决策机制，使大家能够更全面、更客观地考量各种因素，有效地降低决策风险。

## 华为的民主决策之路

2001年，中国的移动通信领域发生了巨变，中国邮电被分拆为中国电信、中国移动和中国联通。任正非当时预判中国联通和中国电信会采用GSM技术，于是华为投入了大量人力、物力对GSM产品进行研发。然而，最终中国联通没有选择GSM技术，而是选择了CDMA技术，中国电信则选择了小灵通。这次误判使华为错过了CDMA的市场机会。通过这次教训，任正非认识到在企业里不能搞一言堂，依赖一个人的判断风险太大。

2003年，华为在美世咨询公司的帮助下，建立了EMT经营管理团队。当时有八位高管成员，大家集体参与决策，避免权力集中在一个人手中。EMT主席相当于首席运营官，由EMT成员轮流担当，每人任期六个月。

2011年，华为开创性地实行了轮值CEO制度。由郭平、胡厚崑和徐直军三位高管轮流担任CEO一职，每人的轮值期为六个月。另外，华为共有十三位董事，他们在董事会会议上拥有平等的投票权，任正非则拥有一票否决权。

任正非在谈到轮值CEO的作用时曾说，轮值CEO制度比将公司成功系于一人的制度要好。轮值CEO制度能够更广泛地采纳意见，同时也具有制衡作用，即便某位CEO做出了误判，下一任的CEO也能及时发现，做出修正，这就有效避免了个人独断带来的风险。

## 建立民主决策制度

从长期来看，要减少决策的失误，就有效的办法就是引入民主机制，建立企业的民主决策制度。民主决策的效率不一定高，结果也不一定最好，但是它能够打破一言堂，引入理智和制约，使大家拥有更丰富的视角，能更客观地考量各种因素，从而有效地降低决策风险。

首先，要成立企业决策委员会，委员会的成员不宜过多，十人以内为好，最多不要超过十五人。企业的所有重大决策均需提交决策委员会讨论表决，超过半数投票，决议才能通过。要让大家畅所欲言，让反对者充分表达意见，并去理解他们看问题的方式，这样才能获得更丰富的视角，才能判断其合理性。没有反对意见并不代表大家会全力支持，很可能是大家还没有建立充分的认知，缺少思路，或是在迎合领导，这其中隐藏着更大的风险。

其次，应建设更为开放包容的企业文化，建立通畅的信息沟通渠道，鼓励员工发表自己的见解。当员工的参与性被激发，新思路、新方法、新创意就会不断涌现。可以参考采取以下措施：建立 CEO 见面日，定期和员工沟通各种问题；鼓励员工给 CEO 发建设性邮件，并且 CEO 要承诺有信必回；在企业官网上建立 BBS 平台，鼓励员工畅所欲言，参与热点问题互动。将问题公开化会吸引大家的关注，让更多人贡献自己的知识和经验，从而更有助于问题的解决。

腾讯能走到今天，这应归功于集体的战略智慧、执行力以及自发的危机感。一个人无法预知和操控时代，要懂得分工协作，依靠集体智慧，设定各自的分工和管理权限，群策群力，果断执行。

——马化腾

# 商业模式
## ——解决客户的痛点

商业模式的概念要比营销策略更大，但它的确也是一种营销的策略，因为如果商业模式不对，营销根本就走不通。若商业模式存在缺陷，你的业务就形不成闭环，效率无法提升，客户无法实现持续增长，甚至没有盈利模式，无法实现现金流的正向增长。所以，商业模式是我们首先要考虑的一个营销策略。

共享单车企业的最大问题就是商业模式的问题，共享单车的需求客观存在，但是共享单车企业的最大资产——单车的损耗和贬值速度太快，业务收入跟不上成本的消耗，现金流无法实现正向增长，无法依靠自身业务来实现发展，导致企业陷入财务困境。

O2O项目大量失败的原因在于其没有从根本上提高效率，降低成本，建立信任，所以无法与传统店铺展开竞争。如"O2O洗车"，两个人骑个小三轮上门洗车，加上交通、洗车和整理的时间，一天只能洗两三辆车，效率远低于到店洗车，洗车效果也不理想，环保问题无法解决，成本还更高。所以就无法与传统洗车店展开竞争，业务自然无法持续，因而越做越亏。该商业模式存在先天缺陷，没有提升产品与服务的质量，成本反而上升，效率也在降低，必然无以为继。

## 商业模式的核心是客户需求

商业模式并不是盈利模式，盈利模式很容易理解，就是企业是怎么赚钱的，利润在哪里产生。盈利模式并不难设计，几乎可以在业务流程的任何环节加入收费模式，但这仅是你的一厢情愿，因为让人掏钱并不容易，没有解决客户的痛点，为客户创造出价值，客户是不会付费的，脱离客户需求谈盈利模式没有任何的意义。

企业依靠产品来满足客户需求，但不是先有产品再有客户，而是先有客户再有产品。不了解客户，必然无法满足客户的需求，产品生产出来就是库存。所有成功的商业模式都源于其有能力解决客户的一个痛点，只有拥有这样的独特能力，客户才愿意付费，后面的事情才符合逻辑。

另外，成功的商业模式必须能够降低成本，提高效率，实现现金流的正向增长。有时，你的确解决了客户的痛点，但是投入和产出不成比例，不能实现现金流的正向增长，反而造成了很大的浪费，这就是共享单车企业陷入困境的原因。

当然，我们不可能一开始就设想出一个完美的商业模式，商业模式需要在现实中不断验证、试错和修正。只有在业务实践中才能发现商业模式的问题，所以经营企业要有一颗敬畏之心，要去面对现实，留意客户、渠道商和员工的反馈，发现问题及时修正。只有问题得到解决，商业模式才会不断趋向合理，业务才能健康发展。

在商业模式中，要特别注意去检讨以下几个关键点：是否解决了客户的痛点？需求频次是否够高？客户基数是否够大？是否降低了成本？是否提高了效率？是否能形成业务的闭环？是否能实现正向的现金流？是否能给合作者带来预期收益？是否能够实现客户的持续增长？是否能建立起竞争的优势（技术、成本、效率）？

## 商业模式的五个内涵

商业模式包含了五个内涵，它们是客户和需求、产品和服务、推广模式和业务流程、组织和创收的方法以及竞争策略。如果你的商业模式中没有对这五个方面做出清晰的定义，那么它就是不完整的，或是有缺陷的。

如果你觉得这些概念有些术语化，不太好理解，我们可以将它们翻译过来，就是：客户是谁？他们有何需求？你怎么来解决？具体的流程是什么？如何赚钱？如何参与竞争？

大家发现，这几个问题是有逻辑关系和先后顺序的，客户需求是商业模式的核心，产品、推广、流程、组织、盈利都是围绕着客户需求展开的，只有解决客户的痛点，后面的事情才符合逻辑。

有很多企业领导讲不清楚自己的商业模式，他们花了很多时间在讲公司、团队、技术、行业和前景。但是听了半天，还是云里雾里，搞不清楚他们的客户是谁，他们能解决什么问题，他们能提供什么产品和服务，以及业务如何开展。

如何在短时间（如5分钟）内让别人理解你的商业模式呢？其实也很简单，就是依次来回答这几个问题：客户是谁？他们有何需求？你怎么来解决？具体的流程是什么？如何赚钱？如何参与竞争？将这几个问题依次解释完，大家基本上就可以理解你的商业模式了。

商业模式的核心是客户。一是明确客户是谁，有哪些需求需要满足，是刚性需求还是柔性需求，需求的频次如何，客户可以接受的最高价格是多少，以及市场容量有多大。

二是定义你的产品和服务。紧紧围绕着客户需求去设计你的产品和服务，要拥有更好的技术、更低的成本和更高的效率，还要能够建立信任。商业模式是建立在优质的产品和服务之上的，没有这个基础，后面所做的一切都会违背商业逻辑，企业做不大，也走不远。

三是推广模式和业务流程。不要相信"酒香不怕巷子深"，仅靠口碑传播太慢，企业必须根据客户定位和产品特点，提前规划品牌传播方案，寻找更低成本的媒介和更高效的推广方法。设计简洁高效的业务流程，减少不必要的环节和审批手续，破除业务流程中的障碍，整合全部资源为业务提供支持。

四是组织和创收。建立高效的流程化组织，围绕着业务流程来组织资源，使所有员工都来为业务提供支持。设计合理的收费模式，使业务流和资金流形成闭环，实现现金流的正向增长。关注与渠道商的互动关系，明确双方的合作方式和分工，保障渠道商获得合理的利润。

五是竞争策略。认真分析自己拥有的能力和资源，建立自己的核心竞争力，保障在技术、品质、服务、成本或效率中拥有几项绝对优势。认真研究竞争者的优势和劣势，避免与强势竞争者正面竞争，找到自己的优势领域，确立差异化的竞争策略。

## 什么是更好的商业模式？

有很多人依靠灵感去设计商业模式，模拟一个客户，假设一个需求，然后制作一件"皇帝的新衣",去欺骗合作者和投资人。还有一些企业领导在无意识地制造"伪需求",他们过于相信自己的经验和判断,省略了调研、走访、测试、体验的环节,在办公室里依靠头脑风暴就策划出一个"天才"的商业模式。

客户需求不是在办公室里就能猜想出来的,每个人的性格、出身、经历和生活状态截然不同,没有切身的感受,很难揣测别人的需求。例如,你每天开车上下班,不坐出租车也不乘坐公交车,你就难以理解滴滴公司的商业模式。很多需求场景是想象不出来的,你必须进入那个情景中,去切身地体验,才能知道这个需求是否存在,是不是一个刚性需求,需求量有多大,是否有盈利模式。并且,商业模式需要在实践中不断验证、试错和优化,初期设计的商业模式往往和最终的商业模式有很大的不同。

只有放下自己的主观和经验,保持开放的心态,倾听他人的意见和抱怨,才能发现商业模式中的矛盾和缺陷,才能做到持续的优化和改进。当然,商业模式也有自己的规律和原则,更好的商业模式一定在以下六个方面有更好的表现:

(1)拥有更好的产品质量和使用体验,更好的产品和体验将替代较差的产品和体验,这是最本质的商业逻辑。

(2)更好的商业模式意味着更高的效率,更高的效率才能创造更高的价值。高效率体现在产品研发、生产、销售、物流、维护和服务等各个环节。

(3)更好的商业模式意味着企业没有过高的固定成本,综合成本控制能力明显优于竞争对手,能以更低的成本向市场提供产品,并且不会出现大幅的资产贬值。

(4)更好的商业模式能保障企业持续获得规模收入。市场容量足够大,客户基数足够大,购买频次足够高,不仅能实现现金流的正向增长,还能帮助合作者获得合理的价值。

(5)更好的商业模式可实现市场的迅速扩张。业务能够标准化,可快速复制,可快速获得客户,是一个可持续增长的蓝海市场。

(6)更好的商业模式拥有天然的竞争壁垒。企业拥有自己的核心技术,运营效率高,经营成本低,具备规模优势。

## 盈利模式

最后我们来谈一下盈利模式。盈利模式是商业模式的重要组成部分,企业依靠盈利模式来获得利润。盈利模式是企业在业务流程中设置的收费环节，以价值交换获得收益。但盈利模式也不是一种随意的设置，如果不能满足以下三个条件，则依然赚不到钱。

首先，你的产品和服务要有足够的价值，客户才会付费。你还必须保障在价值交换中你的作用不会被他人替代，否则你就会被淘汰出局。

其次，你必须能够控制整个价值交换的流程，包括产品流、资金流和信息流，能够形成闭环，实现可控，否则交易就无法达成。

最后，你还必须保障业务流程中的参与者能够获得合理的利益。客户和合作者的合理利益支撑了价值交换的合理性，如果客户和合作者的利益无法满足，则盈利模式自然无法存续。另外，如果无法将大家的利益统一起来，也就无法解决市场推广的问题，产品也就没有了落脚点。

以上缺少一条，盈利模式就必然是失败的，企业就无法从此商业模式中获取收益。

# 客户定位

## ——找到最需要你的产品的人

这世界上不存在放之四海皆准的产品，每一款产品都对应着某一类特定的消费人群。一款产品适合小朋友，就不会适合老年人；适合男人，就不会适合女人；适合前卫新潮的人，就不会适合保守中庸的人。老花镜就要卖给老年人，小猪佩奇就要推荐给小朋友，找对了客户，不仅销售效率高，工作也会很轻松。找错了客户，不仅推销不出去，还会憋一肚子气。

纽约有一家复印机公司试聘了三名推销员，老板给了他们一天的时间，让他们展现自己的推销能力。其中一位应聘者花了一天时间，把复印机卖给了一位农民；另一位应聘者花了四个小时将复印机卖给了一位渔民；最后一位应聘者则从三位电器经销商那里签回了三张订单，共计600台复印机，她就是美国施乐公司的前总裁安妮·穆尔卡希。

对于销售员来说，客户定位决定了他们的业绩。而对于企业来说，客户定位决定了企业的生死。

在2009年，北京有一家企业生产一种专业的轿车空气净化产品，产品尺寸如冰箱一般大小，买家是汽车4S店、汽车保养店和洗车店，用户是轿车车主。这款产品进入市场的时间是2009年初，北京奥运会刚过去半年，北京的空气质量尚好，还没有出现雾霾。这款产品的理想用户应当是高端轿车车主，原因有三：一是高端车主对生活品质要求较高，对健康更为关注；二是高端车主乐于尝试新服务，也能够接受较高的价格；三是高端消费群体的消费习惯容易被大众效仿，自上而下更容易推广。但该企业的 CEO 认为，低端车的市场容量更大，消费习惯更易培育。于是，他将用户定位为低端车主，将产品推销给街边的小洗车店。在 2009 年北方还没有雾霾的现实下，低端车主认为没有必要花几十元钱做空气净化，纷纷拒绝此项服务，于是街边小洗车店不再购置这款产品。而高端 4S 店认为这是街边店淘汰的产品，与自身定位不符，也不愿购置，最终这款产品以失败告终。

每一个特定的消费群体都有自己的行为习惯和价值观，有特定的生活方式和接触媒介。每一款产品都有自己的特色，都旨在解决某一特定消费群体的某一种需求。拥有正确的客户定位，产品才能快速与客户建立连接，营销工作才能正常展开。找到对你的产品需求最为强烈的客户群，然后锁定他们，将精力集中在他们身上，为他们提供优质服务，你就会获得最大的回报。

## 马斯洛需求理论

马斯洛是美国著名的社会心理学家，他把人的需求分成生理需求、安全需求、社会需求、尊重需求和自我实现需求五大类（见图 3）。马斯洛认为，人类的需求是分层次的，低层次的需求尚未满足时，更高层次的需求不会出现。一旦低层次需求满足了，更高层次的需求马上就会出现。这就告诉我们，对于不同经济实力、不同社会阶层的客户，其需求是不一样的，我们必须善于发现客户的需求，并为他们匹配适合的产品，这样的营销才有效果。

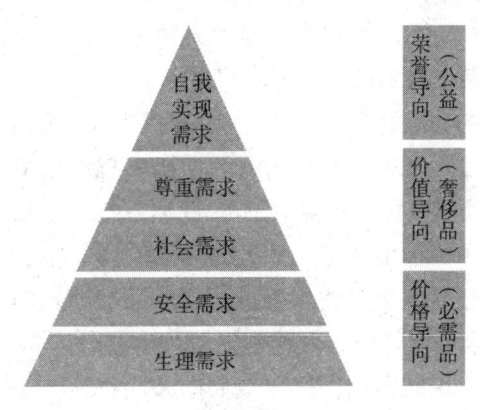

图 3　马斯洛需求金字塔

马斯洛需求金字塔的最下面两层是生理需求和安全需求，这两种需求是人们的基本生存需求，是刚性需求，也是高频需求，没有它们生活就很不方便，甚至无法继续。满足这两种需求的产品都是生活必需品，消费频次很高，消费量很大，消费者在选购时最关心价格，物美价廉是这类产品的核心竞争力。

当消费者到达中产阶层后，除了满足生活的基本需求外，他们开始注重生活品质的提升。他们不再将价格作为首要考虑因素，会去选择品质更好、品牌形象更好的产品。他们不再满足于产品的质量和功能，而更为看重产品能够带来的精神上的满足感。他们开始购买各种名牌产品和奢侈品，以满足自己在"尊重"方面的需求，体现出自己的社会地位和不凡品位。

当消费者步入富裕阶层后，他们的消费就不再受金钱所限，不再满足于社会身份的认同，进而开始追求自我价值的实现。他们除了会消费最顶级的奢侈品外，还会热衷于慈善和捐赠，以体现自己对于社会的贡献。

## 谁是你的客户？

客户定位精准，产品就能与客户快速建立连接，营销就容易开展，成功率更高，成交周期更短。营销的第一步，就是找到对产品需求最为强烈的客户，然后精准地对接他们，有针对性地展开营销。

谁是你的目标客户呢？基本条件就是有需求、有决策权、有购买能力的人。但是这些条件过于宽泛，无法根据它们描绘出客户的准确画像，无法据此找到我们想要的客户。我们需要更为具体的条件，包括性别、年龄、职业、地域、收入、性格、爱好、教育程度、家庭情况等，这样就能描绘出客户的准确画像，按图索骥，快速找到目标客户。

（1）根据产品的功能和特色先模拟出一个客户定位，然后将产品提供给这些人试用，调研这些人对产品的反馈。提取有积极反馈或对产品反馈良好的人的特征，具有类似特征的人就是你的目标客户。将这些人作为你的种子客户，通过他们还可以挖掘或影响到更多的客户。

（2）分析已成交的客户或者购买过相似产品的客户的数据，从中提取他们的共同特征，具有类似特征的人就是你的目标客户。

（3）分析竞争对手的客户，提取他们的共同特征，他们的特征在你的目标客户身上也会具有。

（4）分析第三方消费数据。例如，哪些消费者购买过相似的产品？相关联产品是什么（如西装、皮鞋、衬衫互为关联）？同类产品有哪些？这些消费者符合什么特征？

最后，根据你的分析结果，描绘出目标客户的画像。包括内在属性：年龄、性别、爱好、收入、教育程度等；外在属性：地域、职业、活动场所等。当你清晰地列出目标客户的特征，就能缩小他们的范围，并准确地找到他们。另外，还需要在实际业务中不断验证、校准客户画像，不断提高客户画像的准确度。客户画像还能为产品研发、运营规划提供有益的指导和帮助。

## 谁是优质客户？

80%的销售收入来自20%的客户，如果企业能够知道这20%的客户是谁，那么企业就可以将主要精力用于服务或开发这部分优质客户，实现最佳的投入产出效果。

那么，谁是优质客户呢？

（1）购买量大的客户。这表示他们的需求很旺盛，并且购买力也很强。

（2）购买频次高的客户。购买频次越高，客户的价值越大。

（3）具有影响力的客户。他们不仅自己购买产品，还积极推荐他人购买，具有广泛的影响力。

（4）对产品有很高期望值的客户。他们对产品有很大的热情，通常也是产品的积极推广者。

（5）产品的早期使用者。他们的接受力很强，乐于接受新事物。通常他们也能够产生示范效应，影响他人购买。

这五类客户会为企业带来最多的价值，他们还拥有很高的忠诚度和影响力。企业要重点关照他们，给予他们更多的优惠，为他们提供最好的服务，不断提升他们的满意度和忠诚度。

## 建立客户数据库

营销的最大难点在于寻找客户，客户散落在茫茫人海之中，要将他们准确地找出来实属不易。客户资源是企业的重要竞争力，如果企业具备良好的意识，及早收集客户信息，就会占得营销的先机。可惜的是，很多企业在这方面缺乏意识，产品生产出来后，企业才发现不知道该向谁推销。

阿里巴巴、腾讯为什么厉害，因为经过 20 年的发展，它们拥有了中国最多的互联网用户资源，一个是最大的电商流量入口，一个是最大的社交流量入口。而且它们还在继续扩大地盘，不断将势力范围向线下延展。

在小米 MIUI 研发的初期，雷军就开始考虑种子用户的问题，并要求团队积极寻找目标用户，与他们建立连接。小米正是依靠初期锁定的 100 位 MIUI 的种子用户，积累下了 50 万论坛粉丝，这些粉丝为小米手机的上市打下了很好的基础。所以，日后才有了小米粉丝经济的说法。

企业要利用一切机会去收集客户信息，及早建立起自己的客户数据库。要特别留意收集与企业有过接触的人的信息，因为他们对企业建立了初步的认知，更容易转化为客户。他们包括：接受过市场调研的人、接受过产品测试的人、参与过企业活动的人、登录过企业网站的人、咨询过产品的人、在新媒体上互动过的人等。企业要将他们的信息进行汇总，借助 CRM 软件进行管理和分析，筛选出具备客户条件的人，提供给销售团队，由他们负责开发。

客户数据库分为两大类，一类是准客户数据库。准客户是指有潜在需求、有购买能力、有决策权，但还尚未成交的客户。准客户数据库的作用是为企业提供目标销售客户群，保障企业拥有源源不断的准客户来源。另一类是客户数据库。企业要将所有已成交客户的原始数据输入数据库，保障数据的真实性和完整性，便于数据的检索和分析，以便为客户提供及时周到的服务，不断提升客户的满意度和忠诚度。

客户数据分为静态数据和动态数据两种。静态数据是指姓名、年龄、性别、婚姻、爱好、职业、收入、地址、邮箱、手机号码等个人和家庭信息，它反映的是客户的基本情况。动态数据是指企业与客户的互动数据，也就是在交易和服务中产生的数据，如购买金额、购买时间、产品品种、维修保养、建议投诉等。这些数据是在不断变化的，所以动态数据需要不断维护并保持更新。动态数据是企业与客户互动的真实记录，通过对动态数据的分析，企业能够判断出客户未来的潜在需求，并对客户的需求做出预见性的安排，如推荐客户需要的产品或提供维修保养等服务。

客户数据库不是简单的信息罗列，而是要实现客户的细分，使客户标签化，能够准确分辨客户的属性，以便为客户提供差异化服务或开展差异化营销。在客户的动态数据中，有三个指标是判断客户价值的重要依据。这三个指标是：最近一次消费、消费频率和消费金额。

最近一次消费是指客户上一次的购买时间。时间越近，说明客户对产品的认知度越高，接受新产品的可能性也就越大。

消费频率是指客户在一段时间内的消费次数。消费频率越高，说明客户的忠诚度越高。

消费金额最容易理解，就是指客户每次消费的额度。额度越高，说明客户的购买力越强。

这三项指标越高，客户的质量越好，越值得引起企业的重视。企业要获取所有客户的这三项指标，然后对这三项指标的加权平均值进行排序，根据排列顺序就可以将客户分为三类：重要价值客户（A类）、中等价值客户（B类）和一般价值客户（C类）。然后，企业就可以为不同价值的客户制定不同的服务标准，匹配不同的资源和营销策略。

# 品牌策略
## ——在消费者的心中建立记忆和信任

如果我们把产品的商标都撕掉，消费者在购物时一定会表现出犹豫不定，因为他们不知道自己应该信任哪一款产品。销售员在拜访客户时，如果客户没有听过这个品牌，信任感也会大打折扣。

消费者在购物时通常会选择自己熟知的品牌，而不是陌生的品牌。品牌给消费者带来的是信任，让消费者相信这个产品可以放心地吃、放心地用。而消费者也愿意为此多支付费用，这就是品牌溢价。一个美誉品牌能够有效地提升销售成功率，甚至能够在消费者心中实现预售，在消费者还没有看到产品的时候就已经决定购买。

### 品牌是什么？

消费者是通过品牌来记忆和识别产品的，品牌是消费者对产品的综合印象，是消费者与产品的关系。每一位消费者都有自己熟知或偏爱的品牌，而更多的品牌是他们从来都不想去尝试的，因为这些品牌没有给他们留下深刻的印象，没有与他们建立起连接。并且消费者对于品牌有一定的忠诚度，当他们接受了某些品牌，其他品牌就很难再替代它们的位置。

要想成为一个脱颖而出的品牌，成为消费者心中的首选，就必须突出品牌的定位，强调能为消费者带来的价值，这样才能与消费者建立连接。品牌不只是一个 Logo，更重要的是它所蕴含的价值内涵，能够传达出自己的价值主张，这样才能吸引到具有相似价值观的消费者，并建立起消费者对品牌的偏好度和忠诚度。在很多情况下，消费者购买一款产品，是因为这个品牌代表了他们的身份和品位，是他们进行自我表达的一种方式。品牌不仅要有易于辨识的形象，还要让消费者知道品牌的价值主张（品牌精神）是什么，提供什么产品（产品认知），产品有何优势（美誉度和差异度），这样才能对消费者产生关键的影响。

路易威登倡导"在路上"的文化，提倡人们拥有积极乐观的生活态度，它提醒人们：生命就是一场旅行，别忘了生活最初的模样，收拾行装，准备出发。路易威登的广告语是"生命将引领你去向何方""每个故事都蕴含着一段美丽的旅程"。

麦当劳体现的是一种便捷、舒适与充满活力的美国文化，麦当劳的广告语是"我就喜欢"。而肯德基则强调对产品和生活的关注，它的广告语是"来到肯德基，生活好滋味""立足中国，融入生活"。

广告语是品牌的重要组成部分，一句好的广告语能够以一当十，让消费者迅速理解企业的行业特征、价值主张和产品特色。知名企业的广告语通常侧重于表达它们的价值观，因为消费者对知名企业的产品已经耳熟能详。而绝大多数企业并非是像路易威登、麦当劳、肯德基一样的知名企业，消费者对于他们的产品还不了解。所以，对于中小企业而言，广告语必须能够准确地表达出产品特色以及为消费者带来的价值。有一些企业的广告语过于含混模糊，让大家不知所云，如"智慧融资解决方案""互联网+首创者""大数据金融驱动者""全球移动创新平台"。我们无法从这些广告语中来判断企业是做什么的，提供什么产品，能为我们带来什么价值，所以这样的广告语就会被我们忽略，导致其品牌传播的失败。

如果广告语能够精炼准确地表达出产品特色，就会与消费者快速建立连接，达到非常好的传播效果。例如，7-11便利店的广告语是"全年无休真方便"，准确地表现出了7-11的经营特色。瓜子二手车直卖网的广告语是"没有中间商赚差价，车主多赚钱，买家少花钱"，消费者一听便知这是一家二手车交易网站。海澜之家的广告语是"男人的衣柜，一年逛两次海澜之家"，清晰地表达出了海澜之家的定位。

## 企业品牌

品牌分为企业品牌和产品品牌，它们的使命不同，表现形式不同，所达到的传播效果也不同。企业品牌是以企业形式出现的，以传播企业形象为主，传递的是企业理念、文化和价值观。有一些耳熟能详的企业品牌，一听到它们，我们就能联想到它们拥有的卓越产品和服务，并能够产生足够的信任，如苹果、英特尔、IBM 和可口可乐。

消费者对企业的最初认知来自品牌，企业品牌不仅要体现出企业文化、行业特征和价值主张，还要有鲜明的特色，便于消费者记忆和识别。企业品牌要具有一定的延伸性和包容度，能为平台下不同的产品提供统一的形象和承诺，使不同的产品之间形成文化与气质上的关联。

> 英特尔是有史以来最为成功的企业品牌之一，旗下的产品品牌有 Pentium、Celeron、Xeon、Core 和 Atom。英特尔依靠"Intel Inside"树立了强大的品牌形象，将英特尔和其他芯片厂商有力地区分开来，使我们想起芯片，就想到英特尔。英特尔的客户并非是大众消费者，而是数量不多的机构客户，通常机构客户并不会明显受到品牌价值的驱动。但英特尔依靠"Intel Inside"广泛地影响了消费者，使消费者相信装有英特尔芯片的电脑才是最好的电脑，从而间接影响到它的机构客户。

## 产品品牌

产品品牌和企业品牌的区别在哪里呢？其实很简单，产品品牌用来传递产品形象，企业品牌用来传递企业形象；产品品牌用来提升销量，而企业品牌用来提升声誉。

一个好的产品品牌不仅要拥有易于识别和记忆的形象，还要能正确传达出产品的功能、效用和质量，能够与消费者的需求建立连接。例如，宝洁公司旗下的洗发水品牌"飘柔"强调顺滑，"海飞丝"强调去屑，"潘婷"强调营养，"沙宣"强调美发。每一个品牌都传达出了产品特有的功能和效用，使消费者能够在琳琅满目的产品中很快做出选择。

通常一家企业会拥有多款产品，而每款产品的功能、属性和客户定位又各不相同，难以用一个品牌涵盖所有产品。所以，很多企业会采用多品牌策略，为不同属性的产品匹配不同的品牌，这样既易于表现产品特色，也便于隔离风险。

大众旗下有众多的汽车产品，每款汽车的性能不同，价格不同，适用场景不同，面对的客户群不同。所以，大众汽车为每一款车型匹配了不同的品牌，包括帕萨特、高尔夫、甲壳虫、宝来、波罗、捷达、桑塔纳、朗逸等。

宝洁是世界知名的日用消费品企业。宝洁公司的产品异常丰富，包括洗发、护发、护肤、化妆、医药、食品、婴儿护理、健康护理、家居护理、清洁用品等。由于每一款产品都拥有不同的功能和不同的消费群体，所以宝洁公司没有将P&G作为产品的统一商标，而是为每一款产品都规划了不同的品牌。例如，香皂的品牌是舒肤佳；牙膏是佳洁士；卫生棉是护舒宝；洗衣粉有汰渍和碧浪；洗发护发用品有飘柔、潘婷、海飞丝和沙宣。

## 品牌延伸

很多企业在推出新产品时，往往会习惯性地使用老品牌。他们认为推广一个新品牌需要很大的投入，要冒很大的风险。而使用老品牌不仅能提高成功率，还会形成合力，继续提升品牌的价值。事实果真如此吗？

> 茅台是中国知名的白酒品牌，被誉为"国酒"，获得了无数荣誉。2000年，茅台收购了遵义高原啤酒厂，投入2亿元开始生产茅台牌啤酒，并打出了"茅台啤酒，啤酒中的茅台"的广告，试图将白酒领域的优势延伸至啤酒领域。但是，大家都知道啤酒的酿造工艺与白酒完全不同，啤酒与白酒的消费群体也不相同，消费者并不相信擅长大曲酱香型酿酒工艺的茅台也能酿造出地道的啤酒。最终市场证明，茅台的啤酒产品继续使用茅台品牌不是一个正确的选择，自茅台啤酒建厂以来，最高年产量不足4万吨，连续亏损13年。2014年1月，茅台与华润签署了托管协议，将茅台啤酒托管给了华润。

每一款产品都拥有不同的功能、特性、客户群和价值诉求，试图用一个品牌去满足形态各异的产品是不明智的，这会造成品牌定位的模糊，让消费者无所适从。一个品牌不能承载太多的内涵，承载太多反而会使品牌形象自相矛盾。一个品牌不能既代表白酒，又代表啤酒，甚至还代表红酒。你什么都想代表，就什么也代表不了，变得不伦不类。

当企业推出一款新产品时，建议启用一个新品牌，这样既有利于塑造专属形象，还能有效隔离风险。例如，宝洁、可口可乐、英特尔和路易威登就是成功实施多品牌策略的企业。可口可乐旗下拥有多个产品品牌，包括可口可乐、健怡、雪碧、芬达、醒目、美汁源、冰露、酷儿等；路易威登旗下拥有50多个产品品牌，包括轩尼诗、罗威、纪梵希、芬迪、克里斯汀迪奥、娇兰、豪雅、宝格丽等。

### 品牌传播

让消费者接受一款新产品的难度，不亚于研发一款新产品的难度。即使你拥有一款好产品，花大力气招募了销售团队，建立了广布的销售网络，但是你的品牌没有知名度，没有在消费者心中建立起信任感，消费者也很难选择你。企业不去做品牌传播的工作，产品就会在市场上遇到阻力，企业还会付出更多的时间和成本去弥补这一过错。

品牌传播的目的是要在消费者的心中建立起产品的知名度和美誉度，使消费者对产品拥有初步的了解和信任，为销售打下良好的基础。如果销售是陆军，那么品牌就是空军，空军会在陆军之前先期到达，提前在消费者心中建立起信任感。品牌传播不是一笔成本，而是一笔投资，如果企业可以像他们投资新产品研发一样投资于新产品的推广，则新产品在市场上的成功率将会大大提高。

每一家企业都会建立自己的品牌，都有自己的名称和商标，但不是每一家企业都会传播自己的品牌。品牌传播做得不好，就无法在消费者心中建立起辨识度和信任感，在关键的时刻，消费者就不会选择你。企业在品牌传播上通常会存在两个问题：一个是缺少品牌传播意识或者是对品牌传播投入不够；另一个是传播内容出现了问题，达不到预期的效果。

品牌传播的工作不能省，"酒香不怕巷子深"在产品短缺时代是可行的，但是在市场充分竞争的时代，"酒香不怕巷子深"就是一种不作为的态度。不能广泛传播品牌，建立品牌的知名度和美誉度，产品就只能"养在深闺人未识"。品牌传播是一种意识，不一定要投入硬性成本。企业与公众的每一个接触点，都是在传播品牌形象。如产品名称、包装、海报、名片、官网、访谈、活动等，处处都体现着企业的品牌形象，都在潜移默化地影响着消费者。随着互联网的发展，企业可以利用的传播手段越来越多，只要拥有良好的传播意识，就能找到很多低成本、高效率的传播方式。

还有一些企业的传播内容出现了偏差，导致无法实现预期的效果。传播内容主要有企业品牌和产品品牌两个方向，企业品牌传递的是企业理念、文化和价值观，用于提升企业形象；产品品牌传递的是产品的功能和特色，用来提升产品销量。要提升产品销量，就应侧重于传播产品品牌，着重表现产品特色以及给消费者带来的好处。如果传播内容出现偏差，就不会达到预期的效果。

## 公关和广告

公关和广告是企业常用的两种传播手段。公关，就是公共关系，包括企业与媒体的关系、与政府的关系、与消费者的关系、与社区的关系、与员工的关系等。公关就是企业通过有意识、有计划的行为，对社会舆论和文化因素主动施加影响，为企业创建一个良好的舆论环境和品牌声誉，进而为产品的推广创造有利条件。企业经常采用的公关行为包括活动、会议、事件、新闻等。

企业的公关人员要能够熟练掌握各种媒介的特性，具有很高的新闻敏感度，具有很强的撰稿能力和策划能力，能够借助公众关注的热点，策划出有利于企业形象的传播内容和事件，达到传播企业品牌、建立美誉度的目的。

公关的形式灵活多样，相对于商业化的广告来说，公关更易赢得公众的信任，更易控制舆论导向，尤其是新闻、公益、赞助等方式对公众的影响力更大。并且公关不一定要投入硬性成本，相对于广告来说具有更大的自主性和灵活性，可以根据企业的客观条件自主策划适合自己的公关方案。

广告，即广而告知。广告是企业为推销其产品，以付费方式通过广告媒体向消费者传播产品信息的手段。大卫·奥格威在其《一个广告人的自白》一书中写道："我们做广告是为了销售产品，否则就不是做广告。"通常，我们评判广告的标准有两个：一个是提升品牌知名度；另一个是提升产品销量。我同意大卫·奥格威的看法，广告是为了销售。我曾经在广告行业工作过五年，我认为不懂销售，就很难做好广告。

提升品牌知名度是很容易达成的，这不算是多高的标准。因为只要你有预算，请一家不错的广告公司，制作一个不错的广告，投放于理想的媒体，知名度一定会上升。而要想提升销量就难多了，很多企业花费巨资投放了广告，但是销量却没有任何起色。那么，什么样的广告会对提升销量起到更好的作用呢？

我们先来分析一下消费心理，当消费者想购买某一产品时，他的脑中会浮现出他熟知的几个品牌。例如，当他打算购买牙膏时，他可能会想到高露洁、佳洁士或中华，最先想到的品牌最有可能成为他的首选。但这并不是全部，假设消费者有牙龈出血现象，他会首选止血消炎的牙膏；假设他有牙齿过敏现象，他会首选防过敏牙膏；假设他有牙齿泛黄现象，他会首选美白牙膏。此时，牙膏的功效是他最关注的，其次才是品牌。

最有效的广告是，将你的产品和消费者建立连接，连接的手段就是产品的功能和效用。要直截了当地告诉消费者，你的产品能够达到什么效果。如果消费者的需求你能满足，你就触发了他们的购买动机。

另外，还要注意以下几个事实：

（1）广告要尽可能地为所推销的产品提供足够的事实信息，事实信息越多、越可靠，促销的效果越好。

（2）广告中要承诺使用产品所能带来的好处。例如，洁净力可深入毛孔。

（3）广告形式不要随意更改，不断地更改功能诉求和表现形式，会使消费者无法建立品牌认知，导致广告失效。

## 互联网传播

在互联网时代到来之前，传播不是一件容易的事儿。企业可选择的传播媒介非常有限，主要以报纸、电台和电视台这三大媒体为主，企业要想打响知名度，只能在这些媒体上做广告。这多少有点像赌博，因为广告费是一个巨大的负担，在产品投放市场的前期，企业还没有多少现金积累。如果广告失败，企业就会面临破产。

自2000年以后，互联网得到了长足发展，现在有了数不清的传播媒介可供企业选择。甚至企业也成了一个媒体，只要能够生产优质内容，就可能产生比主流媒体更为深远的影响力。互联网使企业摆脱了对传统媒体的依赖，大幅降低了传播的成本，提高了传播的广度、速度和精度。最重要的是，互联网使企业拥有了连接客户的手段。在传统工业时代，企业不知道自己的客户是谁，无法与客户实现互动，无法及时觉察客户的变化。而互联网可以使企业追踪到客户，与客户实现双向互动，并使客户行为得以数据化，通过对客户行为数据的进一步分析，就能够发现客户的消费习性和偏好，从而帮助企业实现精准营销。

互联网媒体几乎具备了报纸、电台、电视的所有优势，在内容形态上具有无限的丰富性，并且可以根据受众的需要，实现定制化的传播。互联网使企业拥有了自主创作和自主发布权，能够为企业吸引大量流量，并借助优质产品和服务实现客户转化。

消费者评价已成为品牌资产的重要组成部分，正面评价的积累和传播足以左右产品的前途。在购买产品前，消费者已经养成了上网查询的习惯，如果网上搜索不到产品信息，或者负面评价很多，肯定会影响消费者的决定。优质内容是建立品牌、吸引流量的关键，企业需要借助优质内容来建立互联网宣传阵地，让消费者可以随时找到你，随时建立信任感。

企业要建立统一、简明、生动的传播内容，具有这三个特征，才有利于消费者识别和记忆，才能做到重复传播。另外，年轻人更喜欢浅层、活泼、直观的表现形式，直播、视频、音频、图片、漫画更受年轻人欢迎，而且更易转化为普世情感，让秉持不同价值观的人接受。

过去，消费者很难通过一个权威途径去全面地了解一家企业。现在，互联网为企业提供了一个契机，企业可以通过官网、微博、微信公众号建立自己的官方信息发布平台，与消费者实现24小时的全天候沟通。

目前，多数企业已经拥有了自己的官网。但是，很多官网并未发挥出应有的价值，企业在官网上堆砌了大量的公司介绍、荣誉和动态，来到官网就像是来到了企业的荣誉室，给人非常浮夸、不真实的感觉。其实，人们并不会无缘无故地关心一家企业，除了能够提供娱乐八卦和社会新闻外，人们很少去关心和自己无关的事情。

人们最关心的是自己，因为关心自己，才会关心企业能为自己做些什么。所以，官网最需要体现的是你能为消费者做些什么。官网的主角是消费者，要围绕消费者来组织内容，打造优质体验。官网要能简单直接地告诉消费者：企业提供什么产品和服务？能够达到什么效果？如何证明？如果官网能清晰地回答这几个问题，就能吸引消费者，就是一个合格的官网。

官网要以消费者为中心，内容以产品和解决方案为主。如果官网缺少产品和解决方案，这个官网就没有价值。另外，在条件允许的情况下，官网最好能够开通交易和客服系统，趁热打铁，将好感转化为订单，避免客户的流失。

官网要避免使用浮窗和跳显，无聊的浮窗和跳显总会打断消费者的注意力，造成极不好的体验。要给予消费者充分的自由，让他们自主浏览感兴趣的内容，当他们需要帮助时，自然会寻找客服咨询。

另外，企业还需要开通微博、头条号、微信公众号、百度百科、搜狗百科、互动百科等流量入口，持续分享企业的产品和服务、成功案例、行业信息、行业趋势、专题研究等资讯，不断发出自己的声音。这样，消费者就能感知到企业的存在和发展，不断加深对企业的认知，时机一旦成熟，消费者第一时间就会想到你。

# 渠道策略
## ——让你的产品触手可及

每一家企业都希望能够覆盖更多的消费者，为产品创造更多的销售机会，这就需要建立更广泛的分销和零售网络，也就是我们通常所说的渠道。渠道是企业与消费者的连接器，是产品从企业端到消费者端所必须经过的路径。

渠道可以分为自建和合作两种模式。实力雄厚的企业通常倾向于自建渠道，因为这样就可以将客户、资金、仓储、物流等重要资源牢牢掌控在自己手中。但是，自建渠道的缺点也显而易见，即需要很高的资金投入，需要储备大量人才，需要较长的周期，对企业的经营管理能力要求也较高，因此会面临较大的风险。

中小企业一般倾向于渠道合作模式，他们会和拥有销售网络的渠道商展开合作，一起开发市场，共同分享利润。渠道合作模式具有成本低、见效快、风险小的优点，但缺点是会失去对客户、资金以及市场数据的控制权，容易对渠道商产生依赖，在业务中处于被动局面。

## 自建渠道

自建渠道就是企业设立自己的销售公司或直营门店，自己来销售产品。其中，也包括直邮、电销、官网、微信公众号等销售形式。自建渠道的优点是企业可以牢牢掌控销售网络，以及客户、资金、市场数据等营销资源，不会对渠道商产生依赖。

格力公司采用的就是典型的自建渠道模式。1997年11月，格力与湖北的经销商合资成立了第一家联合股份销售公司。格力对销售公司拥有绝对的控制权，销售公司的董事长由格力方出任，格力方对销售公司的总经理有任免权。

2004年3月，格力与国美发生了渠道之争。2004年2月，成都国美单方面将格力一款原本零售价为1680元的1P挂机降价为1000元，原本零售价为3650元的2P柜机降价为2650元。格力要求成都国美停止这种低价销售行为，并停止向国美供货。2004年3月9日，国美下发了"清理格力库存"的通知，要求国美各地分公司在3月10日中午12时以前将格力产品的全部库存及业务清理完毕。至此，格力和国美正式分手，终止了合作关系。

自1997年格力成立第一家联合股份销售公司开始，格力已陆续在全国30多个省、市、自治区成立了股份制销售公司，并以此作为格力的主要销售模式。所以，格力在2004年与国美的争端中并非受到影响。《格力2004年报》显示，2004年格力的销售收入和净利润实现大幅增长，销售收入为138.32亿元，同比增长37.74%；净利润为4.2亿元，同比增长22.74%。

## 渠道合作

渠道合作就是指企业与拥有销售网络和客户资源的渠道商来合作，由企业提供产品，渠道商来完成产品的销售。渠道商包括代理商、经销商、加盟商和零售商。

多数中小企业会选择渠道合作模式，因为中小企业的资金、资源、业务开发和管理能力有限，投入大量资金自建渠道会给自己带来很大风险。采用渠道合作模式可以有效地整合第三方资源，最大限度地降低风险，达到在短期内占领市场的目的。

渠道合作的本质是借力，是优势互补。企业需要借助渠道商的销售网络、客户资源、业务团队、业务开发和管理能力；而渠道商需要借助企业的研发、产品、品牌、传播、运营和服务能力。

为了提高渠道合作的成功率，企业需要做一些准备工作，以互利共赢为原则，制定渠道合作的策略。内容包括：自己拥有的资源和能力、能为渠道商提供的支持、需要借助的资源、需要什么条件的渠道商、双方的合作原则和发展目标、双方的分工和利益分配。厘清了这些内容和原则，企业就会形成自己的渠道合作策略，从而采用正确的方法和步骤开展渠道工作，大大提高渠道合作的成功率。

## 渠道合作中的认知误区

渠道合作的本质是相互借力、优势互补。不过，在企业与渠道商的合作之中确实会存在博弈现象，这也很正常，因为每个人都会优先考虑自己的利益，每个人也都认为自己更为重要，所以都会觉得自己有一点吃亏。要想提高渠道合作的成功率，就要先建立正确的认知。以下是几个常见的认知误区，如果能够避免，就能有效提高渠道合作的成功率。

首先，企业在渠道合作中表现得过于强势，认为自己是产品和品牌的拥有者，是商业模式的核心，自己处于主导地位，渠道商处于从属地位，渠道商要听从企业的领导与指挥。这个认知并不符合事实。销售网络和客户资源的重要性并不亚于产品，产品销售不出去就是废品，企业的价值就无从体现。另外，渠道商不只在销售你一家企业的产品，你的产品不一定决定着渠道商的前途。还有一个事实是，如果你是一个著名品牌，或者是一款畅销产品，渠道商会有求于你；如果你是一个小品牌，一款没有知名度的产品，那么是你有求于渠道商。

如果你的合作者是一个超级渠道商，拥有海量客户入口，你就更应该保持头脑清醒，此时是你借他的船，而不是他要上你的船。不要摆出高调姿态，先上船比较重要。只有先建立起业务关系，慢慢积累实力，当你体量大起来，并具有不可替代性后，才会拥有谈判优势和议价能力。对于中小企业而言，重要的是辨清形势，将目光放长远，不要因为短期利益而失去未来。

其次，企业方不愿让利给渠道商。企业认为产品是我研发的，品牌是我的，我付出了大部分的时间与精力，而渠道商只是销售的临门一脚而已，他们付出这么少，不应该分享太多利润。这种观点也不客观，渠道商的能力不在于他们付出多少时间和精力，而在于他们是否能将产品销售出去。并且，他们越能轻松地销售产品，说明他们的能力越强。如果企业不同意这种看法，那为什么不自己来做这份轻松的工作？

企业一定要让利给渠道商，这是最有效的激励，你不让利给渠道商，就等于放弃了自己。企业要有更长远的眼光，只有和渠道商一起做大蛋糕，才有机会分享更大的蛋糕，而不要急着去抢小蛋糕里最大的一块。

最后，企业做甩手掌柜。企业认为签完合作协议就万事大吉，业务就会自动推进，货款就会源源不断进来。产品到达渠道商，工作只能算是完成了一半，产品到达客户，才是真正的成功。企业必须为渠道商提供培训、宣讲、督导、售后等支持，提供产品手册、招商手册、广告展示、演示视频、反对问题手册、成功案例、奖励政策、礼品物料、统计资料、权威评测以及资质证书等销售工具。渠道销售人员只有了解产品的功能与卖点，熟练掌握销售流程，能够得到实质的激励，才能推进业务不断开展。

## 渠道合作的四个原则

渠道的质量胜于数量。渠道商的质量有高有低，差距悬殊，如果你选择了最好的渠道商，你就成功了一半。渠道商一定要有准入门槛，建议优选该地区或该领域前三名的渠道商，与他们建立合作关系，这样你就拥有了最高的成功率。

与渠道商共享利润，扶持渠道商成功。渠道商如果无法实现赢利，开发再多的渠道商也没有用，会在一夜之间归零。企业要扶持渠道商成功，要让他们赚到钱，这样大家才会共同经营你的生意，市场才能够做大，最终你将是最大的受益者。

树立榜样，复制成功。榜样就是希望，大家看到榜样，就会拥有前进的动力。企业要重点扶持绩优渠道商，打造出榜样，然后全面推广他们的经验。渠道发展的策略是循序渐进，追求成功率，争取合作一家，成功一家。追求数量与速度的策略非常危险，如果你的支持系统跟不上，管理跟不上，将导致渠道运营陷入混乱。

加强业务督导和管理。签署渠道合作协议仅是开始，将业务落地，将产品送达消费者手中才是成功。企业必须为渠道商提供业务培训、品牌宣传、售后服务等支持，及时解决业务中的问题，积极推进业务开展。落实对渠道商的考核和激励，根据渠道商的收入、利润、店面形象、客户满意度等指标为渠道商做星级评价，将资源向优质渠道商倾斜，逐渐淘汰不合格的渠道商。

## 建立渠道商沟通机制

渠道商在他们的业务范围内是绝对的专家，他们比任何人都更了解本地区和消费者的特点，也更了解消费者对产品的看法，以及整个市场的竞争态势。

企业与渠道商的关系在很大程度上决定着业务的发展，企业要经常去拜访渠道商，去了解他们对渠道政策、与企业的关系、产品的特点、消费者的需求趋势以及市场竞争的意见和建议，对所有问题都要详细记录，对渠道商反映的每一个问题都要认真调研，予以解决，并要给予反馈。企业对渠道商了解越全面，对他们反映的问题处理越及时，就越能牢牢地把握市场，越有利于建立牢固有序的渠道商关系。

企业要建立与渠道商的定期沟通机制，不断优化渠道政策，解决渠道商关心的问题，提升他们的工作主动性。企业可以帮助渠道商成立"渠道商委员会"，定期与"渠道商委员会"沟通，大家共同分析和讨论问题，征求、调和多方面的意见，从多种角度剖析问题，提供更全面的解决方案。

## 线上和线下渠道将趋于融合

近年来，互联网经济强势崛起，电子商务为人们带来了更低廉的商品和更方便的购物体验，创造了新一轮的渠道繁荣。但是当互联网发展到一定规模，电商的增速就会放缓，发展就会遇到瓶颈，互联网的广告、引流和转化成本也将不断上升。并且，互联网也有先天的弱势，即互联网是一个虚拟的购物场景，难以满足人们在休闲、体验、社交等方面的需求。

渠道是企业与消费者的连接器，并无先天优劣之分，存在的只是效率、成本、体验和服务的差异。未来，渠道将不再区分线上与线下，线上的便利和效率将与线下的体验和服务相融合。互联网、物联网、AR/VR等技术将会不断应用于线下场景，人们将逐步进入智能化的场景购物时代。

小米手机自上市以来，依靠准确的产品定位和高效的电商销售模式迅速夺得国内手机销量冠军的宝座。但随后OPPO、vivo和华为等手机品牌开始奋起直追，它们依靠遍布全国的线下销售网络对小米实现反超。IDC公布的2016年第三季度全球智能手机研究报告显示，2015年出货量排名中国第一的小米，在2016年跌到了第四位，位列华为、OPPO和vivo之后。虽然小米把电商渠道优势发挥得淋漓尽致，但目前电商渠道只占到国内手机销售份额的20%~30%，另外还有70%~80%的份额小米无法触碰。

雷军意识到，小米手机在电商渠道触碰到了天花板，要想改变局面，只有扩大自己的渠道版图。雷军曾承认，小米犯的最大的错误之一，就是忽视了线下。2016年，小米开始主动寻求改变，举起"新零售"大旗，积极布局"线下零售店"。

2016年2月，小米开始将客服中心"小米之家"升级为"线下零售店"。为了提升复购率，"小米之家"除了销售手机以外，还包括小米平板、小米电视以及小米生态链全线产品。截至2016年12月31日，"小米之家"在国内已发展50家门店。2017年5月28日，"小米之家"第100家门店在上海诞生。到2017年8月31日，"小米之家"在全球开店183家，遍布130余个国内外城市，坪效稳定在27万元以上，位居世界零售品牌前列。

2016年10月，马云在云栖大会上提出了"新零售"概念。马云认为，"电子商务"会成为传统概念，未来会是线下、线上、物流相结合的"新零售"模式。物流的本质不是快，而是降库存。只有线下、线上、物流真正结合，才能为企业带来更多收益。

随后，阿里便联合新华联控股、云锋投资、红树林创业、民生资本、余杭产业基金等企业成立了杭州瀚云新领股权合伙企业，以投资并购的方式大举布局新零售。京东也不甘落后，频频与购物中心、连锁超市展开合作，甚至投资开设自己的线下直营门店。以下是阿里和京东在线下的一部分投资并购动作。

2014年12月，阿里投资银泰商业；2015年8月，阿里投资苏宁云商；2016年1月，阿里投资的盒马鲜生在上海开业，在短短2年时间，盒马鲜生已在福州、上海、北京、杭州、深圳等9个城市开设了35家门店；2016年12月，阿里投资三江购物；2017年11月，阿里投资高鑫零售。

2015年8月，京东投资永辉超市；2016年3月，京东启动全国"京东家电专卖店"；2017年8月，京东启动线下"3C零售体验店"；2017年10月，京东总部楼下第一家"X无人超市"开业；2017年12月，京东第一家7fresh生鲜超市在北京亦庄开业，2018年1月成交件数超80万，日均客流量达1万人次以上，坪效已达传统超市的5倍以上。

# 人才策略
## ——变人海战术为精英战术

在企业中，销售员的流失率通常是最高的，一是销售员面临着最严格的业绩考核；二是企业很少有意识去扶持销售员成长。另外，很多企业将销售员视为盈利工具，只想利用他们的资源和体能，不会为他们提供更好的提成和福利。销售员赚不到足以改善生活的收入，自然就会慢慢流失。

销售员的频繁流失给企业带来了巨大的隐性损失。从外部讲，客户的体验在变差，客户要经常面对陌生的销售员，不能再继续享受满意周到的服务，客户只好去选择服务更好的企业。

销售员的频繁流失导致企业运营效率降低，使人力、行政、培训、销售等部门重复工作。重复的招募、培训和薪酬支出也会给企业带来高昂的成本。销售员的频繁流失还会影响到员工的士气，导致人心不稳，消极工作。

## 低效的金字塔形结构

多数企业采用的是大浪淘沙的销售战术，他们没有选才的标准，讲究的是大量招募，大量淘汰，快进快出。这是最懒惰的做法，当然也是最无效、成本最高的做法。即使生存下来的销售精英，对企业也不会有忠诚度。他们看到的是"一将功成万骨枯"，感受到的是企业的现实和冷酷。

大浪淘沙的人才策略造成了金字塔形的销售员结构（见图4），这是一种极为低效的结构，导致了双输的局面。处于底层的销售员很少能晋升到中层，通常三五个月就会换一批面孔。销售员无法实现成长，得不到回报。企业也会面临巨额的成本消耗，无法实现人才、技术、客户和资本的积累。

## 建立稳定的橄榄球形结构

企业要实现人才、技术、客户和资本的积累，走上可持续发展之路，就

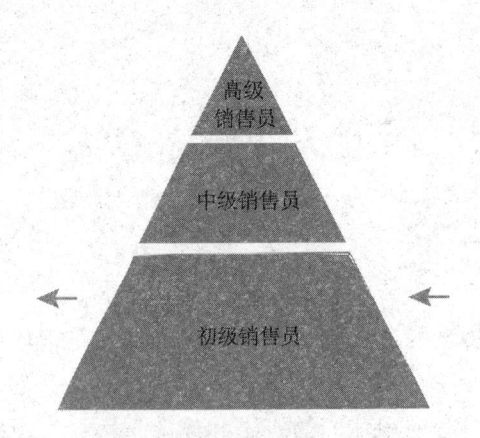

图4 低效的金字塔形结构

必须摒弃人海战术,建立精英人才战略,提高选才的标准,吸引真正优秀的人才加入企业。要为他们提供高质量的培训和衔接训练,建立起业务的辅导和督导机制,督导销售员完成预期工作目标,帮助更多销售员晋升到中层,让中级销售员成为主流。

这样,销售员结构将从金字塔形转变为橄榄球形(见图5)。在橄榄球形结构中,初级销售员和高级销售员均为少数,中级销售员将占据多数。这种员工结构最为稳定,管理成本最低。同时企业也实现了人才梯队的建设,完成了人才的储备,使销售工作能够以整体的组织能力来实现,降低了对个别销售精英的依赖,降低了销售工作的不确定性。

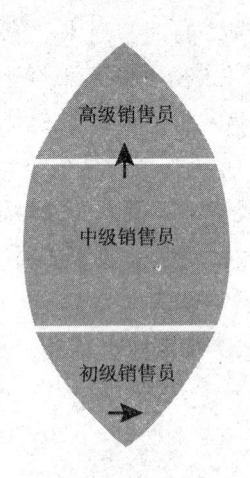

图5 稳定的橄榄球形结构

## 为高级销售员工提供职业出口

高级销售员工在销售职业生涯中已经晋升到了最高层,如果职位不能继续晋升,收入不能继续增长,他们就会进入职业发展的瓶颈期。但同时,他们也是其他企业眼中的人才,他们已经积累了丰富的业务经验,拥有了大量的客户资源。当其他企业向他们抛出橄榄枝,以高薪、高职位相邀时,多数人是难以拒绝的。另外,即使没有被其他企业挖走,他们也可能萌生创业的念头。这样一来,企业就将失去他们,更糟糕的是企业为自己培养了一个竞争对手。

为了避免此类事情的发生,企业需要为这批高级销售员工找到一个出口,让他们能够继续提升价值。一个办法是鼓励他们内部创业,企业可以为他们提供人力、技术、资金、场地等支持,让他们独立运作一个项目,企业保留财务的控制权,保留一定比例的利润,其余的利润归他们所有。

对于更成熟的项目,企业可以支持他们自主创业。企业来投资他们,获得一部分股权,给予他们自主经营权,充分发挥他们的主观能动性。企业以自身资源为保障,为他们提供技术、商务、渠道、物流、法律、财务等方面的支持。

这样,企业就会变身为一个投资孵化平台,双方通过股权关系成为合伙人。企业既为高级员工提供了职业出口,又实现了新的产业布局,未来他们还有可能成为企业的发展引擎。

## 将资源向中级销售员工倾斜

在橄榄球形结构中,中级销售员占据了多数,他们通过了第一年的适应期和生存期,进入相对平稳的成长期。而且有相当一部分销售员获得了晋升,成长为企业的中层管理者。

中级销售员正处于职业的快速上升期,他们的工作积极性更高,成长欲望更强,发展潜力巨大。企业应重点关注这部分员工,给予他们更多的支持,将资源向他们倾斜,为他们提供高质量的管理进阶训练,不断提升他们的管理能力。另外,企业要给予他们更多的自主经营权,为他们提供招聘基金,鼓励他们自主发展团队,这样他们就会帮助企业培养人才,实现自我扩张,贡献出更多的产能。

# 组织策略
## ——让听得见炮声的人来决策

传统的金字塔形组织结构是工业化时代的产物，是集权式管理的结果。在这种等级森严的科层组织里，僭越职权是大家所避讳的不职业行为。企业里的所有信息和指令均需层层上传下达，执行部门通常没有自主决策权，只有得到明确的指令后才能采取行动。

这就好比是有一支在前线作战的特种部队，即使它距离总部遥远，通信不便，但它也必须得到指挥部的批准才能采取行动。结果可想而知，这支特种部队一定会被敌方消灭。

金字塔式的科层组织是典型的纵向管理模式，命令自上而下层层下达，决策重心高，管理层级多，反应速度慢。当外部环境快速变化，不确定因素增多，科层管理的弊端就会凸显，如信息在决策层和执行层之间反复传递，导致信息滞后、信息失真和决策缓慢。并且，由于决策层不在一线，他们无法切身感受现场的环境和条件，所以做出错误决策的概率非常高。

另外，传统的职能化组织也会带来管理上的障碍。职能化组织造成了部门间的割裂，大家各自为政，部门之间缺少横向沟通。每个部门只关心自己职权内的工作，没有人会为整体负责。在本位思想下，大家都在为本部门争取利益，相互推卸责任，矛盾频繁发生。

进入信息化时代后，员工的组成结构发生了重大变化，劳动型员工快速减少，知识型员工成为主流。知识型员工的价值在于他们的创造力，因而传统的控制型管理模式要做出改变，赋予知识型员工更大的自由度和自主性，给予他们更多的决策权，为他们"赋能"，这样企业才能开发出知识型员工的潜能，最大限度地发挥他们的价值。

## 为员工赋能，建立扁平的网络化组织

互联网为建立扁平的网络化组织带来了契机，网络化组织能够实现组织和成员之间的直线联系，更强调开放、分享和协作，更有利于发挥成员的能动性，也更机动和灵活，更能适应市场的变化。

网络化组织具有极强的可塑性，它以任务为导向，以项目为核心，可以根据需求灵活转换和重组。网络化组织以小型业务团队为作战单元，强调点对点的直线联系，提升了各组织间的协同性，能够对市场做出快速反应。原来的"集团军"被转化为更灵活的"特种作战部队"，企业转化为资源配置平台，为"特种作战部队"提供全面的资源支持。

网络化组织有效地减少了组织的层级，使一线拥有了自主决策权，拥有了机动能力。另外，网络化组织打破了职能化组织的结构，推倒了部门墙，建立了部门间的平行协作关系，实现了组织间的资源共享，使信息在组织间快速流转，提升了组织之间的协同能力，增强了对外部环境的响应能力。

网络化组织是"以客户为导向"的流程化组织，强调对客户的全流程关注，流程的前端是客户，后端是研发。网络化组织根据"客户需求"来引领"产品研发"，使产品能够不断紧跟客户需求。

网络化组织是以知识为主体的创新型组织，强调个人价值的存在，是一种更加民主的组织形式。网络化组织鼓励个人见解的表达，允许不同意见的存在，充分尊重个人的价值主张。

"赋能"是网络化组织的核心，"赋能"既是手段，也是结果。赋予员工能量，员工才能产生能量。"赋能"的方法就是授权，给予员工充分的信任，给予他们充分的决策权，让一线员工来指挥"炮火"，这样就能提高行动的精准性和有效性。让一线员工根据现实情况自主采取行动方案，就会调动出他们的才智和潜能，激发出他们的创造性。

# 业务管理
## ——聚焦于过程的科学管理

管理者要负责销售团队的业务管理，帮助每一位销售员提升自己的绩效，督导他们完成预期的经营目标。业务管理的着手点是活动量管理，管理者要帮助每一位销售员设计出他们的业务模型，建立他们的"活动量管理表"，并围绕着"活动量管理表"安排每天的工作，使销售员养成良好的工作习惯。管理者通过"活动量管理表"可以掌握每一位销售员的活动量、工作进度以及面临的障碍，为销售员提供及时的辅导和训练，帮助他们突破工作上的瓶颈和障碍，从而使业务管理变得更科学和更具预见性。

如何建立销售员的"活动量管理表"呢？首先从销售收入公式开始，销售收入=准客户拜访量×成交率×客单价×复购率。准客户拜访量是基数，其他的是乘数。从这个公式可以看出，准客户拜访量是关键，没有拜访量，业绩就是零。

当然，不是每拜访一位准客户都会成交，在拜访量与成交量之间有一个较为稳定的比例关系，这就是成交率。例如，你每拜访10个准客户，就会有2个成交，则成交率就是20%。

有了自己的销售目标和成交率，我们就可以根据它们来制订自己的工作计划，建立自己的"活动量管理表"，安排每一天的工作内容和工作量。

例如，一个月的销售目标是12万元，平均客单价是3万元，每个月就需要成交4个客户。假设成交率是20%，每个月就需要拜访20个准客户。20个准客户分解到22个工作日，每天要拜访1个准客户。假设每天拜访1个准客户需要联系10个准客户，每天就需要收集10个新准客户名单。

落实到每一天的工作就是：收集10个新准客户名单，联系10个准客户，拜访1个准客户。如果每天都能完成预定的工作量，就一定能完成每月12万元的销售目标。

这就是最基本的活动量管理，管理者要帮助每一位销售员建立他们的"活动量管理表"，根据"活动量管理表"来安排每天的工作，培养销售员的自律性，使其养成良好的工作习惯。销售不是一份随性的工作，而是有纪律性的，销售员没有养成良好的工作习惯，工作目标一定不会完成，也很难有机会成功。

在销售流程中会存在几个关键节点，代表着销售工作进入了不同的阶段，销售员的瓶颈往往也会出现在这几个节点上，突破了节点的瓶颈，销售员的技能就会上升一个台阶。为了更形象地体现销售流程，我们可以将销售节点符号化。例如，用 A 代表约访；B 代表初次面谈；C 代表产品测试；D 代表合同签署；E 代表财务打款。这样，销售员就可以用字母来记录客户的状态，准确掌握每一个客户的开发进度，避免因疏忽或遗忘而贻误时机。

"活动量管理表"能够反映出销售行为和销售业绩之间的关系，管理者通过"活动量管理表"可以掌握每一位销售员的活动量、工作进度以及面临的障碍，找到提升销售员业绩的方法，并为他们提供及时的辅导和训练。分析所有销售员的"活动量管理表"，管理者就能掌握整个团队的工作状态，发现他们面临的问题。

活动量管理聚焦于过程，聚焦于解决问题，而不是向销售员下达一个销售任务，然后每天催促完成了多少，完不成就处罚。这解决不了问题，还会造成关系紧张，徒增管理成本。过程是"因"，目标是"果"，管理好过程，才会有好的结果。管理者要辅导销售员去记录工作数据或事实依据，帮助他们合理分解任务，优化工作方法，做好重要性排序，做好时间管理，提升对销售流程的控制力，并要落实接下来的活动量计划，包括下周安排销售面谈数、下周安排缔结面谈数、下周最有把握成交客户等。

# 供应链策略

——站在供应链的高度看待企业经营

市场的竞争看上去是品牌企业之间在竞争,然而事实并非如此,在每一家品牌企业的背后都存在着若干家供应商、经销商以及其他合作伙伴,他们共同支撑起了供应链生态。表面上是品牌企业在角逐,实则是他们背后的供应链系统在较量。

每一家企业都存在于供应链之中,没有谁能够包揽从原材料加工、设计研发、生产装配、分销零售到物流配送的所有环节,要么你是别人的上游,要么你是别人的下游,没有哪一家企业能够脱离供应链而独立存在。

为什么供应链会越来越受到重视呢?道理很简单,因为供应链的效率、成本和品质决定了产品的供应周期、价格和品质。效率、成本和品质不只发生在企业内部,还存在于企业与供应商、经销商的协作之间,企业内部的效率、成本和品质相对容易控制,而要管理整个供应链的效率、成本和品质则相对较难。但是,这一步必须要走,否则低效率的供应链将会延长产品的供应周期,提升企业的成本,降低产品的竞争力。

可惜的是,多数企业还没有认识到这个道理,还没有上升到供应链的高度去看待企业的经营。甚至,品牌企业还抱有零和思维,将自己的利益置于供应链企业的利益之上,不断去挤压上下游企业的利益。这样一来,供应链就无法形成一个良性的价值生态,反而被独立成多个王国,大家各自拥有一块领地,各自守护着自己的势力范围。供应链被分割成多个独立的片断,产品流、信息流、资金流无法实现互联互通,供应链企业之间无法实现有效协同,生产经营处于一种原始的无序状态。

在产品流方面,供应商不能在正确的时间向品牌企业提供正确数量的原材料和零配件,导致品牌企业生产周期延长,无法按时交付产品。物流部门无法制定合理的配送方案,导致产品周转次数过多、途径过长、车辆空驶、成本高企。经销商无法合理安排配货、送货,导致客户抱怨连天。

在信息流方面，供应商不了解品牌企业的订单、生产、库存、发货数据，无法提前安排自己的采购和生产计划。品牌企业不能掌握经销商的订单和库存数据，生产不能和需求相匹配，要么造成积压，要么造成缺货。物流部门对经销商的销售、库存数据不了解，无法合理安排产品的配送，导致经销商端缺货、企业端积压。

在资金流方面，品牌企业对下游经销商要求先付款、再发货，对上游供应商要求先发货、再付款，并不断拖延账期，给上下游企业造成了资金压力，降低了他们的供应和采购额度，并导致资金周转率下降。供应链企业之间没有在线支付结算系统，导致资金交易效率低下、错误频发，滞后的结算还会影响企业对资金的合理利用。

## 供应链的概念

供应链是指由供应商（原材料或零配件供应商）、制造企业（品牌企业）、经销商、零售商（销售终端）和消费者共同组成的价值生态系统（见图6）。产品流、信息流和资金流将供应链企业连接在了一起，原材料和零部件经过供应链中的设计、加工、装配环节获得了增值，最终以产品的形式供应于市场，满足了消费者的需求，并为各供应链企业带来了收益。

供应商 → 制造企业 → 经销商 → 消费者

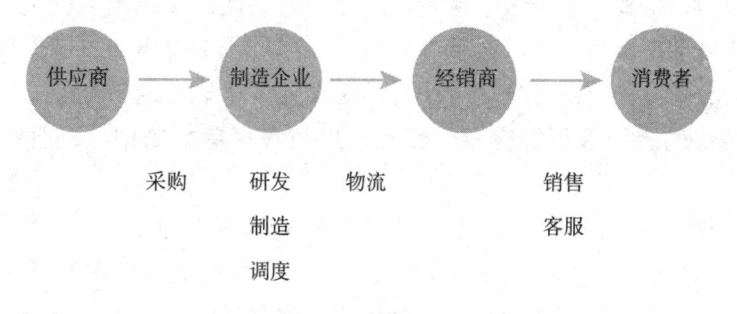

采购　　研发　　　物流　　　销售
　　　　制造　　　　　　　　客服
　　　　调度

**图6　供应链构成**

随着竞争的加剧，企业越来越趋于向专、精、尖方向发展。企业的专业化程度越高，被其他企业利用的价值就越高，市场的价值就越大。也正是因为企业的分工越来越细，所以彼此的依赖性越来越强。谁也无法脱离供应链而在高度竞争的市场中独立存在，大家只有通过分工协作，发挥出协同优势，才能建立起更强、更持久的竞争力，才能成为共同的赢家。

供应链管理的目的无非是将原来彼此割裂的供应链流程打通，使产品流、信息流和资金流加速流转。要提升供应链企业之间的配合度，使供应链各企业可以做到预见化管理和科学化管理，实现大幅降低成本、缩短产品供应周期、提高资金周转率、提升产品竞争力的目标。

要实现供应链的科学管理，就必须建立一个集成的供应链管理平台，将供应链各企业整合到这个统一的平台上，实现业务在线化，提升业务透明度，使产品流、信息流和资金流能够快速流转，为供应链各企业提供科学的经营依据。

## 打造集成供应链

每一家企业都脱离不了供应链，企业的价值也体现在与上下游企业的协作之间。供应链的整体竞争力和盈利能力决定了供应链企业的命运，经营成本、产品质量、资金周转、交付周期影响着整个供应链的运转，牵一发而动全身。消费者接受你的产品，供应链上的所有企业都将受益；消费者拒绝你的产品，供应链上的所有企业都将遭受损失。所以，供应链的整体竞争力和盈利能力是大家的共同追求。

产品和品牌是整条供应链的价值纽带，聚合起了所有的供应链企业。品牌企业以自己的设计、研发、生产、调度和营销能力连接起了供应商、经销商、零售商和消费者。品牌企业在供应链中起着承上启下的关键作用，被认定为核心企业。供应链各企业围绕着核心企业的采购和经销开展业务，核心企业承担着改造和管理供应链的任务，担负着打造集成供应链管理平台的重任。

集成供应链管理平台将供应链企业的财务系统、企业资源管理系统（ERP）、供应链管理系统（SCM）、客户关系管理系统（CRM）整合到一个统一的平台之上，使订单模块、采购模块、库存模块、物流模块、财务模块和客户关系模块之间相互贯通，实现了业务流程的自动化。另外，促进了产品流、信息流和资金流在供应链企业之间的互通分享，使供应链企业可以即时掌握销售、库存、物流配送和货款收付等数据，优化了供应商、经销商与核心企业之间的业务效率，提高了供应链的灵活性和快速反应能力，大幅降低了经营成本，缩短了产品供应周期，提升了库存周转率。

核心企业要促成整个供应链业务流程的电子化，这对提高供应链信息处理的效率、协调供应链的流程至关重要。通过供应链电子商务系统，核心企业能够实现与供应商和经销商的线上交易与结算，实现订单的全流程跟踪，大幅降低人力和资金成本，并能使供应链企业即时掌握销售、库存、物流配送和货款收付等数据，实现以销定产，以产定供，缩短产品供应周期，最大限度地降低库存。

在线业务系统实现了 7×24 小时的全天候交易，省去了大量的人工环节，提高了交易的准确性、安全性和便捷性。经过一段时期的沉淀，系统会自动生成大量的交易数据，通过对交易数据的分析，核心企业能够进一步判断出客户需求的变化，找到供应链的改进空间，不断提升供应链的管理能力。

集成供应链管理平台实现了业务流程的自动化，促进了信息在供应链企业之间的互通分享，为生产经营提供了科学的依据，提升了供应链企业的经营效率。比如，核心企业能够根据经销商和零售商的订单、存货数据，提前制订自己的采购和生产计划，达到销售、仓储和配送的需求。供应商能够根据核心企业的生产计划和库存数据，及时为核心企业供应所需的原材料和零部件。物流部门能够根据经销商和零售商的地理、销售、存货数据，提前制定最合理的配送方案，删减多余的周转环节和路程，使产品周转次数降到最低。

在线支付和结算系统保障了每笔业务的即时支付和结算，使交易更安全、快速和透明，省去了人工操作，减少了出错率。平台还会自动生成电子票据，方便在线查询，了解交易进度。在线数据还能为企业积累信用，帮助企业融资，扩大资金规模，产生更大的交易量。

# 竞争策略
## ——客户是灯塔，竞争对手是镜子

市场上不会只存在你一家企业，每一个领域几乎都会存在强有力的竞争者，这是每一家企业都必须面对的现实。只要你的产品有需求，这个需求就一定具有普遍性，其他的企业也会发现这个需求，大家就会陆续进入这个领域。

竞争一定会存在，你的产品在市场上一定有竞争对手。竞争是每一家企业都面临的常态，只不过每一家企业面对竞争时的态度会有所不同，有的企业喜欢竞争，有的企业回避竞争。企业的竞争态度会直接影响其在市场上的表现，决定着产品的前途。

有一些企业不太理会竞争，他们不想被竞争对手干扰，他们认为只要将自己的实力充分发挥出来，就能拥有足够的竞争力。还有一些企业在刻意回避竞争，因为要参与竞争，就意味着改变，就要做出调整，这多少会是一件比较痛苦的事。所以，只要没有发生什么大不了的事，先保持现状为好。

与这两种企业相反的是，有一些企业非常喜欢竞争，甚至是热衷于竞争。他们对市场极度敏感，他们的眼睛紧盯着竞争对手，发现竞争对手的优点，他们就努力跟上，直至超越；找到竞争对手的缺点，他们就会主动挑起竞争，给予无情的打击。他们甚至还会调侃竞争对手：是你们不愿意改变，是你们自己打败了自己。

美国的沃尔玛和中国的华为就属于这一种企业，他们的企业文化鼓励竞争，他们敢于面对强大的竞争对手，在和对手一场接一场的恶战中得到了提升，获得了发展，他们的成长史就是一部商业竞争史。

我们并不是这个世界上最聪明的人，比我们聪明的人有很多，所以我们需要经常抬头看一看，有对比才能知道自己处于什么位置。做企业需要有一个客观的心态，要用欣赏的眼光去看待竞争对手，学习别人的长处，这样才有机会成长为强者，在这方面沃尔玛和华为是所有企业的榜样。

## 客户是灯塔，竞争对手是镜子

我鼓励企业参与良性竞争，但并不鼓励企业盲目竞争，不能把竞争作为企业经营的唯一导向。如果企业处处将竞争对手作为参照坐标，在每个方面都想胜竞争对手一筹，则必然会被竞争对手牵引，经常陷入价格战、广告战和促销战中。企业将注意力聚焦于相互打压，就会偏离服务客户的轨道，距离客户越来越远。

从长远来看，很难找到一个稳定且长期有效的成功要素，除非你坚持以客户为导向，始终为客户寻求最大利益。企业经营的过程是向客户提供价值的过程，客户决定了企业的命运，客户支持你，你才能成为最终的赢家。如果你的注意力被竞争对手牵引，反而会使你偏离正确的航向。

企业要敢于竞争，但竞争的核心不是单纯地打压对手，而是聚焦于客户，为客户提供更好的产品、更好的体验以及更优质的服务。一切要以客户为导向，客户是灯塔，所有的经营行为都要以客户为目标。只有不断地满足客户，企业才不会失去前进的方向。

## 竞争的基本原则

竞争是有方法可循的，商场如战场，如果企业能够灵活运用战争中的制胜原则，那么也可以在商场上获得相当高的成功概率。

战争的基本制胜原则就是以强胜弱、以多胜少。这个道理大家都懂，问题在于我们没有对手"强"、没有对手"多"的时候，还有机会获胜吗？当然有，不能形成全面优势，就先在局部区域形成相对优势，然后再逐个击破，扩大战果，就像毛泽东同志的游击战术一样。

克劳塞维茨是德国军事理论家和军事历史学家，被尊为西方兵圣，著有《战争论》一书，他在书中写道："战略上最重要而又最简单的准则是集中兵力。兵力上的优势不论在战术上还是战略上都是最普遍的制胜因素。当敌我力量的对比不能取得绝对优势时，就应力求通过巧妙地使用军队，在决定性的地点和时机最大限度地集中优势兵力，以造成相对的优势。"

克劳塞维茨的战争制胜理论同样可以应用到商业竞争中。企业首先要去研究竞争对手，了解对方的优势和劣势，做到知己知彼。其次，避开竞争对手的优势，集中兵力，针对他的弱点展开攻击。

不要与比自己强大太多的对手正面竞争，不要硬碰硬，不要做自杀式袭击，要缩小战场，做"小池塘中的大鱼"。要将竞争对手吸引到一个狭窄地带，找到对手的弱点，集中兵力去攻击他的软肋，再逐步扩大战果。坚持贯彻这一战术，当你的胜利累积到一定数量，量变就会引发质变，你就会获得全面优势。

## 竞争方法

一家企业不会在短期内就建立起全面优势，只有先发展个体优势，才能逐步形成全面优势。企业的优势不仅包括产品和资金，还包括研发、设计、供应链、传播、成本、物流、服务等各个方面。企业要善于发现自己的个体优势，在个体优势上不断聚集资源，先建立起个体优势，再逐步扩大为全面优势。

竞争的方法有很多，最基本的竞争方法有三种：专一化竞争、低成本竞争和差异化竞争。

**专一化竞争。**当企业无法形成全面优势时，就必须先集中资源，在单一产品、单一业务、细分市场或细分客户上实现突破，用单一项目上的优势去和对手竞争。专注于单一目标，才能调动全公司的智力，将资源效能发挥至最大，并能以更低的成本、更高的效率、更高的质量向市场提供产品，使企业拥有竞争的主导权，并拥有超越行业平均水平的利润率。专一化竞争围绕着某一特定目标展开，通过满足细分客户的需求实现经营差异化，企业能够以更高的效率、更好的效果为某一细分客户服务，产生足以与竞争对手相抗衡的能力，并建立较高的竞争壁垒，抵御各种竞争的威胁。

格力曾经是一家专一化经营的企业，核心产品为家用空调和商用空调。格力于2012年开启了多元化之路，其官网是如此介绍格力的："珠海格力电器股份有限公司是一家多元化的全球型工业集团，主营家用空调、中央空调、智能装备、生活电器、空气能热水器、手机、冰箱等产品。2005年至今，格力家用空调产销量连续13年领跑全球，2006年荣获'世界名牌'称号。2017年格力电器实现营业总收入1500.20亿元，净利润224.02亿元，纳税149.39亿元，连续16年位居中国家电行业纳税第一，累计纳税达到963.53亿元。"

格力由小到大、由弱到强的发展之路，依靠的是其专一化的空调产品。在空调行业原材料价格不断上涨的情况下，格力继续保持优势地位，销售额、利润和市场占有率均稳步提升。1997年，格力提出"好空调，格力造"的口号。2002年，格力提出"掌握核心科技"的口号，将经费大量投入到压缩机、电机、控制器等关键部件的研发上，并在家用机、多联机、螺杆机、离心机等领域推出了领先型产品，格力空调的销量开始与其他空调品牌拉开差距。1995年以来，格力稳坐中国空调行业第一的宝座，家用空调产销量自1995年起连续23年位居中国空调行业第一，自2005年起连续13年位居世界空调行业第一。可以说，格力的专一化经营，成就了现在的格力。

2012年起，格力开启了多元化之路，产品线扩张到智能装备、生活电器、热水器、手机、冰箱等产品。不过，格力的多元化之路并不顺利，营收结构并未发生较大改变。到2016年，空调营收仍占总营收的81%，空调还是格力的主要利润来源。在消费者的眼中，格力依然是空调的代名词。

**低成本竞争。**成本控制是企业的重要竞争力，如果企业的综合成本低于竞争对手，就能以更低的价格向市场提供产品，从而获得消费者的青睐，并获得更大的利润空间。成本控制能力强的企业还掌握着定价权，它能在成本上升的时候最后一个涨价，在成本下降的时候第一个降价，在其他企业已无利润时，它依然可以获得利润。

通过较低的价格提供产品，企业可以扩大销售额，并且能够赚到比较高的价格更多的利润。例如，一款产品的成本是100元，以200元卖出，销售量是100件，利润就是10000元；而以150元卖出，销售量是300件，利润就是15000元。虽然定价较低，但是由于卖出了3倍的数量，所以总利润更多。

2017年整个电视行业都呈现下滑态势，第一季度电视销量同比下降14.6%，第二季度同比下降10.1%。而小米电视的销量却逆势大涨，与行业整体表现形成鲜明反差。据奥维云网监测显示，小米电视2018年2月的销量进入了全球十强，跃居中国前三强，在国内超过了康佳、海尔、长虹等有几十年积累的老牌巨头。

小米电视的竞争策略就是高质低价、单品海量，小米电视无论是在产品外观设计上，还是在软硬件系统上，始终坚持高标准。在价格方面，小米电视依然坚持高性价比策略。小米4A 32英寸电视售价仅为999元，破天荒地将液晶平板电视的价格带入百元时代。小米4A 32英寸电视仅用了8个月时间就突破了"百万"出货量，是中国电视行业最快破"百万"的电视单品，刷新了行业纪录。

1945年，沃尔玛的创始人沃尔顿来到阿肯色州的一个小镇纽波特创业。沃尔顿选择加盟了本·富兰克林商店。本·富兰克林公司拥有一套完善的经营工具，包括会计制度和采购制度。本·富兰克林公司不允许特许经营者拥有较多的自主经营权，必须由公司来决定卖什么商品以及定多少价格。但是，沃尔顿并不打算受制于本·富兰克林公司，沃尔顿认为商品价格过高会影响商店的经营，为了降低商品价格，沃尔顿到处寻找低价供货商。沃尔顿找到了一个贸易商，他只收取5%的佣金，就可以直接向厂商采购。沃尔顿的做法大大降低了商品的价格，产生了直接的经营效果。沃尔顿接手该店后销售额从原来的7.2万美元提升到了10.5万美元，第二年达到14万美元，第三年达到17.5万美元。

**差异化竞争**。差异化就是独一无二，别人做不到，而你能做到；别人没有，而你有。差异化的最好实现方式就是反向思维，不随主流，只负责不同。

在同质化的海洋中，差异化的产品弥足珍贵，会格外引人注目。但不得不承认，产品的差异化很难实现，好在企业还有很多其他选项，如可以在品牌、设计、包装、广告、价格、服务等方面，建立自己的差异化定位。

第二篇
PSST 营销管理——产品是基础，人性是灵魂

1996 年，拉里·佩奇和谢尔盖·布林合作开发了一款名为 BackRub 的搜索引擎，这就是 Google 的前身。Google 的主页给人们带来了极大的震撼，不同于其他主流网站，它的主页只有一个 Logo 和一个搜索框，没有新闻、天气、广告、股市、娱乐等其他内容。它的主页不仅是"简单"，简直是"光秃秃"。我想，这两位创始人决定推出这样的主页时，势必承受了很大的压力，但事实证明他们是对的，人们记住了 Google，渐渐淡忘了 Yahoo。

20 世纪 60 年代，德国大众汽车公司的甲壳虫轿车打算进入美国市场。当时美国流行更长、更大、更豪华的轿车，小型甲壳虫轿车很难找到突破口。DDB 广告公司的伯恩巴克以反向定位思维构思了甲壳虫轿车的基调"Think Small"（想想还是小的好），并且创造了一系列独具创意的广告。这一系列广告改变了美国人的购车观念，使美国人认识到了小型车的优点。此差异化竞争策略使得甲壳虫轿车迅速打入美国市场，并在很长一段时间内稳执美国汽车市场之牛耳。

# 发展策略

## ——腾讯、复星和小米为何能以多元化成功？

企业无时无刻不在考虑发展的问题，"逆水行舟，不进则退"，一旦停止发展，企业就会陷入危机。几乎每一家企业都希望发展得更大、更快，大家都行进在追求更大、更快的路上，但事实是很多企业倒在了这条路上。

发展的核心就是两个问题，"少与多"和"慢与快"。深入解释一下就是，企业追求专一还是多元，追求更快还是更久，对它们的认知决定了企业采用什么样的发展策略。

有的企业"贪多"，一个产品、一个市场刚取得了成功，还没站稳脚跟，就急于开发更多的产品，进军更多的市场。兵分多路必然造成实力减弱，加之支持体系、管理能力、人才培养跟不上，业务质量就会下降，企业就开始进入下行通道。

有的企业"图快"，计划一年开店1000家，销售收入每年成长500%，两年后成为行业第一。数字一张嘴就可以说出来，但业务要一点一点做。准备不足就急于奔跑，就会留下隐患，给企业带来极大的风险。

## "少与多"的问题

"少与多"就是指业务的专一与多元。人的本性是贪婪的，人们往往喜欢拥有"更多"，企业也喜欢追求"更大"。在企业界，多元化好像就是成功的代名词，一旦企业在某个领域取得了成功，第二天就已经奔赴在多元化的路上了。然而在现实中，多元化成功的案例很难找，失败的案例却是一大堆。

为什么多元化难以成功？因为有两个问题难以解决：多元化必然导致资源的分散，任何企业的资源都是有限的，有限的资源被分散到无限的事情上，成功率一定会降低；另外，成功并不能被简单复制，隔行如隔山，每个行业所需的成功要素不一样，运营方法和资源调配大为不同，没有长期的行业积淀，不经历真刀真枪的实践，很难找到成功的密码。

大型企业多元化是因为自信，他们在某些领域取得了成功，积累了资金和资源，打出了品牌的知名度，所以他们相信成功可以被不断复制。中小企业多元化是因为不自信，因为他们缺少有竞争力的产品，所以希望通过扩张产品线来提高消费者选择自己的概率，达到总有一款产品适合你的效果。

对于中小企业而言，多元化根本没有成功的可能，因为中小企业缺乏资本、人才和管理能力的积累。对于大型企业来讲，多元化依然存在风险，因为现实千变万化，原有行业的成功很难被照搬到另一个行业。

通用电气在2015年4月10日宣布，将在未来两年内剥离旗下价值3630亿美元的通用资本（GE Capital）的大部分金融业务，以期更加专注于高端制造业。通用电气总裁兼CEO伊梅尔特在新闻发布会上表示："这是GE战略的重要步骤，GE将专注于打造自己的竞争优势。"公司董事会还决定，GE Capital的贷款租赁、房地产等业务将被剥离，总价值约为2000亿美元。

阿迪达斯继2016年5月初决定出售美国高尔夫品牌Taylor Made-Adidas Golf之后，宣布将剥离另一美国运动品牌Mitchell & Ness。即将离任的阿迪达斯集团首席执行官Herbert Hainer评价此交易时称，出售Mitchell & Ness将会使集团更专注于核心的盈利业务。阿迪达斯计划将足球、跑步、女子、运动经典系列和儿童品类作为核心业务与盈利的主要驱动力。

恒大集团董事局主席许家印在2014年业绩报告会上公开回应，恒大冰泉业务2014年亏损超过23亿元。除了矿泉水之外，恒大涉足的多元化业务还包括粮油、乳业、新能源、文化、健康等。然而，这些新事业多数也呈高开低走之势，有的还悄无声息地夭折。2016年9月28日，恒大在港交所发布公告称：本公司的全资附属公司恒大集团公司及其他全资附属公司与不同的独立第三方订立协议，据此，本集团向该等买方出售本集团于粮油、乳制品及矿泉水业务中的全部权益，总代价约为人民币27亿元。此次出售事项完成后，恒大将不再持有粮油、乳制品及矿泉水业务的任何权益。进行交易的原因为公司的战略考虑，以使公司能更加专注于房地产及其他相关业务。

对于中小企业而言，单点突破是最快的成长路线，专注于自己最擅长的领域，就有机会快速做大。只有当企业在一个领域发展到一定规模，建立了优势品牌，积累到足够的资本、人才和管理经验后，才可以适度进入其他领域。多元化必须建立在自己的优势之上，并且要能持续地聚集优势，而不是分散优势，否则也将面临失败的风险。

在中国，拥有多元化成功经验的企业非常少。腾讯、复星和小米是其中少有的代表，我们来看一下他们是如何开展多元化业务的。

腾讯成立于1998年11月，以即时通信软件起家。2006年，腾讯QQ同时在线人数突破2000万，注册用户数突破5.5亿。拥有如此多的用户资源，腾讯自然会想到用电商的方式将用户资源变现。于是，2006年3月，腾讯推出了C2C购物网站"拍拍网"。2010年，腾讯又将"QQ会员官方店"升级为QQ商城。2015年，腾讯花费5亿元控股3C数码电商平台易迅网。虽然腾讯拥有中国最庞大的流量入口，但拍拍网、QQ商城和易迅网的运营并不成功。在经过近十年的苦苦探索后，腾讯决定改变战术。在2014年，腾讯以2.15亿美元入股京东，拿到了京东15%的股权以及上市认购5%的股权，并将拍拍网、QQ商城、易迅网并入京东。这笔股份以京东最高569.56亿美元市值估算，已经价值85亿美元，腾讯的这笔投资溢价了39倍多。腾讯通过投资京东，成功进入了电商、金融和物流领域，并坐享京东业务增长带来的红利。

郭广昌于1992年创办了复星，创业资本为3.8万元。2007年复星在中国香港联交所主板上市。截至2017年6月30日，复星总资产超过5000亿元，业务涵盖医药健康、旅游文化、休闲娱乐、保险及综合金融服务。1996—2001年，复星的业务以生物医药、地产两个板块为主。1996年开始进入中药生产。1997年进入医药终端。1998年从地产销售全面转入地产开发。1998年复星医药在上海主板上市，推动复星完成了商业模式的调整，实现了从实业多元化向投资平台化的转变。复星在投资前会对行业、企业做持续审慎的研究，筛选出少数超过中国GDP增长速度的行业，然后在少数行业中持续跟踪已经成为或者有潜力成为前10强的企业。在执行策略上，通常是先参股一家，学习几年，把行业摸透，再进入。复星从1996年开始投资商业，一直到2000年，投资不超过8000万元，复星花了四年时间来体会商业经营的本质，然后才大举进入。2000年收购豫园商城，2001年合资友谊集团，2002年合资中国医药集团，奠定了复星在国内商业领域的龙头地位。投资的关键是风险管控能力，复星从四个角度来评估项目：第一，有没有发展前景，有没有竞争力；第二，财务是否健康；第三，从法律角度来看，有没有法律和政策风险；第四，从团队角度来看，做这个项目的团队是不是有竞争力。根据上述四个角度来评价项目，任何一个条件达不到，就不会投资。

雷军在2010年4月创办了小米，小米手机获得了空前的成功。但是，雷军的理想并不止于手机，他希望能够推动中国制造业的升级，为消费者带来更有设计感、更智能、更具性价比的产品。2013年底，小米启动了生态链计划，开始以手机为核心，围绕移动互联网、智能硬件和家居生态链展开投资。到2017年7月，小米已经投资了89家生态链企业，其中有16家年销售收入过亿元，至少4家估值超过10亿美元。经过八年的发展，小米已经成为集互联网、硬件、新零售于一体的"铁人三项公司"。

2018年2月8日，小米投资的御家汇在深交所创业板上市。2月9日，小米投资的华米科技成功登陆纽交所。连续两天，小米两家生态链企业上市，标志着小米的"多元化投资业务"进入了收获期。

腾讯、复星和小米的多元化战略都有一个共同的特点，就是采用投资的逻辑来布局新业务。从现实的数据来看，一家企业从初创到成功至少需要5~

10年时间，并且成功率只有2%。如果企业看好一项新业务，打算进入一个新领域，一定要亲力亲为，从头再来一遍，其难度可想而知。

一家投资机构看好一项业务，绝对不会自己去做，一是没有这个专业能力，二是投入太大，三是分身乏术，四是坚持不了那么长的时间。那么应该怎么做呢？首先要找到这个行业的前三名，去做一翻调研，然后投资其中的一家。等摸到这个行业的规律和成功的诀窍，再加大投资。这样，资金可以得到最大化利用，可以同时投资多个企业。另外，还可以利用专业人才的专业能力，有效地降低风险。

企业的多元化之路，完全可以借鉴投资机构的做法。开展一项新业务，不必万事重来一遍，可以通过投资实现自己的梦想。不要去控股被投企业，不要干涉他们的经营，要保留核心团队，保留他们的品牌，尊重他们的专业，他们本来就很优秀，导入你的资金和资源，他们就会持续成功。

另外，不要图便宜去投资一个业务很差或者没有竞争力的企业，因为改造一个企业的难度实在太大，成本甚至高出重新设立一个新企业。每个人都有局限，我们不可能是所有领域的专家，我们的时间有限、精力有限、资源有限。做企业一定要有敬畏心，要尊重专业、尊重规律、尊重人才，要放手让更年轻的、更专业的人去做。具有这样的格局，才能成就一个伟大的企业。

## "慢与快"的问题

"慢与快"事关质量与速度。这两个因素，企业不可能做到绝对平衡，总有一个更为重要，总有一个会成为优先选项。

中国的企业对高速增长特别痴迷，期待创造各种各样的奇迹，企业莫名其妙地追求百分之几百的增长率。当然，高成长的代价也很高昂，浪费了资源，损失了效率，透支了健康，破坏了环境，企业甚至也会毁在自己的贪欲上。

1994年，孙宏斌从联想借来50万元创办了顺驰房地产销售代理公司。2003年，孙宏斌提出了要做全国第一的目标，在各地高价拿地。2003—2004年，顺驰创造了一年内同时向十几个城市扩张的纪录。短短两年，顺驰的版图扩张至全国 10 多个省、16 个城市。2004 年 3 月，政府出台了一系列严厉的楼市调控措施，购房需求得到抑制，顺驰的资金链面临断裂。5 月 3 日，顺驰召开领导团队会议，紧急下令停止拿地。2004 年 11 月，顺驰的香港上市计划搁浅。2005 年 10 月，顺驰与美国投资银行摩根的私募谈判流产。顺驰开始进行大规模人员调整，裁员 20%。2006 年初，媒体曝光顺驰拖欠的土地费用加上银行贷款余额，总数高达 46 亿元。2006 年 9 月，孙宏斌与中国香港路劲基建公司签署了股权转让协议，以 12.8 亿元出让 55% 的股权给中国香港路劲基建公司，失去了对顺驰的控制权。

贾跃亭于 2004 年 11 月创办了乐视网。2010 年 8 月，乐视网在创业板上市，成为首家在 A 股上市的在线视频网站。贾跃亭认为，工业时代和传统互联网时代所遵从的技术创新和模式创新已经看不到未来。乐视网必须释放跨界创新潜力，才有可能产生核变效应，才能产生全新价值。在"全力推进互联网生态经济全球化，共创共享生态世界"的理念下，乐视网投入巨资开始大力布局影业、电视、手机、体育、汽车、金融、商城等"生态"。

然而就在 2016 年 11 月，乐视网突然爆发了资金链断裂危机，股票一度停牌一月有余。2016 年 11 月 6 日，乐视网创始人贾跃亭发布公开信，首次公开谈及他对公司发展节奏过快的反思。贾跃亭认为，乐视网在战略扩张的第一阶段，各个业务线蒙眼狂奔，烧钱追求生态规模，随着全球化战略的铺开，战线拉得太长，资源和资金变得非常紧张，发展的后劲明显乏力。其原因在于，生态组织的能力发育相对滞后，管理模式、组织架构和人才培养跟不上生态战略发展的步伐。

企业的发展是一场长跑，符合"剩者为王"的规律。第一重要的是业务质量，在不伤害业务质量、不伤害现金流、保证收益的前提下，才能追求发展速度。我们经常将责任推卸给"太慢"，其实企业最大的风险来自"太快"，来自快速奔跑中埋下的隐患。跑得太快，企业就无法及时发现问题，问题长期累积得不到处理，最终就会铸成大错。

中国民营企业的生命周期平均只有 3.7 年。经营企业有很多不可预知的艰难险阻、波折起伏，甚至可以说是九死一生。很多东西是会在发展中留下隐患的，要是慢一点，这些隐患就很容易被发现，防范就会多一点，风险就会少一点。积累需要一个过程，技术、资本、人才培养都需要过程，在今天或明天创造利润是容易的，而一个企业真正的使命是获得可持续的收益和发展。一定要做正确的事情，战略要正确，动作可以慢，看准了再跟上去，这样风险反而比较小，会少走很多弯路。

发展还要做好后勤支援，这就好比军队打仗，你可以把军队派往全世界，但必须有军火和食品供应，否则毫无用处。如果想发展，就得先学会控制，不能过快地扩张。发展必须稳扎稳打，步步为营，先建立样板市场，最大限度地发挥人力和财力的效用，先形成局部优势，成功后再全面推广，如此可使有限的资源发挥出最大的作用，并能最大限度地降低风险。

## 三、制　度（System）
——好制度聚集优秀人才

　　企业的发展不是受限于技术或产能，而是受限于人才。每一家企业都需要各种各样的人才，包括技术类人才、营销类人才、运营类人才和金融类人才等。人才是企业的核心竞争力，企业只有整合更多优秀的人才，才能以组织的方式去实现目标，从而拥有更高的成功率。

　　当然，没有哪个人会平白无故地加入一个组织，然后不图回报地无私奉献。一定是先有一流的机制，然后才能吸引一流的人才。制度就是游戏规则，是吸引人才的机制。制度要体现公平、共享和共赢，要能够按照每个成员承担的责任和做出的贡献，为其匹配对等的权利和利益。

　　在营销系统中，大家是一个利益共同体。大家的关系是多赢，而不是你输我赢。如果一方的价值最大化要以另一方的价值被榨取作为代价，那么这个营销系统就会崩溃，谁也别想赚到钱。做事业必须有格局，将目光放长远，先将蛋糕做大，才有机会分享未来。企业不要与销售和渠道争利，你要舍不得这部分利润，就自己来做，利润全归你。如果你想明白了，必须借别人之力，就要与别人分利，这样销售和渠道才会有工作动机。不要既离不开别人，又让别人不开心。实际上，他们是客户的入口，是收入之源，他们赚得越多，企业才能赚得越多。越算计小钱，越赚不到钱。

　　制度的本质是激励，如果你把制度理解为考核和考勤，那就本末倒置了。人们会因为利益的驱动而加入一个组织，没有人会因为想挨皮鞭而加入一个组织。制度必须以共担、共享、共赢为前提，要能够激励人、凝聚人，这样才能发挥出制度的强大威力。要多激励，少考核。每个人都希望快乐地工作、快乐地赚钱，这样才能有干劲，才能做到自我驱动。动力来自自身，而不是靠外力推动，越推阻力越大，逆反力越大。企业要检讨自己的营销制度，是不是考核的成分多，激励的成分少。试着增加激励的成分，减少考核的成分。接下来你就会发现，不需要督促，大家已经开始主动干活了。

## 不合理的营销制度

遗憾的是，企业里的制度以考核为主，我们在制度中能够明显感受到存在一个监管者和一个被监管者。多数制度是以领导的意志自上而下来制定的，尽可能最大化制定者的利益，最小化被管理者的利益，结果造成两败俱伤。比如，我们经常可以在营销制度里看到以下反事实、反规律的规定。

（1）销售员的提成比例按照销售额的递增而递减。这会导致销售员只卖小单而不愿卖大单，或者人为地去拆单。企业的销售收入在不断下降，管理成本却在不断上升。

（2）提成比例过低。销售冠军的提成收入一般不会超过总收入的一半，这意味着销售冠军根本就赚不到钱，其他销售员更没有希望，大家都没有希望，企业哪来的希望。怎样才是一个合理的提成比例呢？以销售冠军作为参照，提成收入必须占到总收入的70%以上，这才算是合理的比例。只有达到这个比例，销售员才能赚到钱，企业才有希望。

（3）针对长年缴费的产品或服务，销售员只享受首年提成，以后不再享受。这会导致销售员在拿到第一年提成后就不再服务老客户，导致老客户的流失。

（4）业绩考核指标高于业绩平均指标。业绩考核指标随意制定，不考虑现实情况，考核指标高于实际平均指标，导致大部分销售员离职。销售员大量频繁流失，导致客户抱怨连天，销售收入出现断崖式下滑。

（5）考核周期小于销售成交周期。例如，考核周期为1个月，而销售平均成交周期为2个月，这样企业将会失去全部的销售员和所有即将成交的客户。

（6）低利润产品高提成，高利润产品低提成。这是在鼓励销售员大力推销低利润产品，导致企业没有利润。

（7）只考核短期销售指标，不参考经营指标。销售员为了完成考核指标，只能去推销低价格、低利润的产品。并且，还可能采取非常规手段去推销，使客户体验变差。除销售指标外，企业更应关注经营指标，如利润率、成交率、客户数、复购率、客户满意度等，这样才能引导管理者去改善招募、训练、辅导、激励、服务等经营性工作，从本质上改善销售绩效。

（8）只有考核，没有激励。做得不好，会挨鞭子；做得好，却没有糖果。

制度应以激励为主,考核为辅。激励远比考核重要,每个人都喜欢得到表扬。表现得好,就应即时得到激励,员工将拥有更多自信,就会迸发出更多的热情,承担更多的责任。

(9)没有公开统一的晋升标准,领导根据个人感受和喜好来提拔人才。这种现象在企业中普遍存在,这也许会让个别人才得到破格提升,但同时看走眼的概率也很大。最糟糕的是伤害了其他员工的感情,使他们找不到存在感,他们认为自己在企业中很难获得晋升,发展前途十分渺茫。

这些制度或现象在企业里普遍存在,大家认真分析就会发现,这些制度都是从企业利益出发,以最小化销售员利益为前提而制定的。但是,事与愿违,销售员的利益得不到保障,企业的利益就得不到保障。企业领导没有搞明白,企业与销售员是利益共同体,业务是由销售员完成的,销售员能赚到钱,企业才能赚到钱,你不让销售员赚钱,企业就没有机会赚钱。

制度不是用来管人的,而是用来激励人的;不是用来争利的,而是用来分利的。只有让销售员赚到钱,让他们获得工作上的满足感,企业才能进入正向循环。"己所不欲,勿施于人",销售员的利益得不到保障,企业的利益就无从谈起。没有一个合理的制度,企业的营销怎么做都是无能为力的。

## 好的营销制度是什么样子?

好的营销制度必须具备以下六个特点:

(1)让优秀员工赚到钱,让优秀员工得到晋升。无法实现这两点,肯定不是好制度。如果制度不鼓励先进,不能树立榜样,不能体现公平性,则这样的企业没有希望,也留不住人才。

(2)好制度有利于业务的发展。所有的好制度都有利于业务的发展,阻碍业务发展的都不是好制度。好制度有利于激发员工的积极性,有利于提升绩效,有利于提升收入和利润。所有产生相反作用的制度,都不是好制度。

(3)好制度维持合理的员工淘汰率。好制度为多数员工提供发展机会,淘汰少数不合格员工。淘汰率超过50%,就会给企业带来不稳定因素,带来巨大的成本消耗,并会伤害企业的声誉。

(4)好制度给予员工充分的知情权和参与决策权。好制度提供了更为开放包容的环境,员工能够及时获取企业的经营数据、产品信息和项目资料,能够了解企业的业务进展情况,更多地参与企业的管理。

（5）制度要公开，要有持续性。制度要最大可能地公示，不要锁在文件柜中，而是要宣导给每一位员工。制度要具有前瞻性和持续性，要言而有信，不能朝令夕改。

（6）好制度以激励为主，考核为辅。考核是最简单的工作，也是最无效的工作。经营的目标不是考核人，而是帮助员工不断发展。就像园丁不能只剪枝、除草，而不浇水、施肥。做得不好要接受惩罚，做得好就理应得到激励，这样的企业才能得到人心，才能获得前进的动力。

# 收入制度
## ——与员工分享收益

一个企业的伟大,不仅在于它能向消费者提供卓越的产品和服务,为股东创造丰厚的回报,还体现在能够持续改善员工的生活,帮助他们成功。人心是企业经营中最重要的,只有保障员工及其家庭的生活,努力提升他们的物质、精神幸福,员工才会以企业为家,全身心地奉献。

在所有的营销制度中,收入是核心。收入一定先于理想和价值观,理想和价值观再美好,得不到应有的收入,没有利益的回报,员工一定坚持不下来。企业能为员工提供有尊严的收入,他们才能体面地生活,才会珍惜现在的工作,才能全心全意地服务客户。

在收入问题上,企业和员工不是博弈关系,而是共赢关系。员工工作积极性高,企业效益才会好,员工能分享到业务增长的红利,他们才会更加热情地投入工作,创造更大的收益,这样才能进入一个良性循环。

腾讯在2015年年报中透露了薪酬最高的五位高管的年薪,最高年薪达到2.74亿港元,最低年薪为1.83亿港元。而马化腾的年薪仅为3282.8万元,连几位高管的零头都不到。高管的收入超过董事长,这几乎是闻所未闻。但是,腾讯做到了,当员工看到高管的年薪超过董事长,他们就会相信命运把握在自己手上,成功路上人人平等,这种激励的效果是巨大的。

《彭博商业周刊》的一篇报道称,沃尔玛员工每小时平均工资为12.67美元,好市多员工每小时平均工资为20.89美元。在沃尔玛工作一年以上的员工中,离职率为44%,而好市多只有5%。有尊严的收入能够使员工更专注于工作，并能将自己的自信和快乐传递给顾客。低离职率也有利于降低企业的运营成本，同时维持更好的企业形象。

## 薪酬

薪酬包括职级工资和奖金。职级工资是固定的，是企业对员工基本能力的认可，因行业、企业和职级的实际情况而定。企业要想吸引人才，就必须制定高于行业平均水平的职级工资，这样才能让员工产生职业荣誉感，并使企业拥有更佳的社会形象。

在企业内部，同一职级必须执行同一工资标准，如果搞特殊则会打击员工的积极性。一个公平的薪酬制度将会产生激励的效果，大家没有捷径可走，要想获得更高的收入，只能想办法提升绩效。这样一来，员工的注意力都将专注在工作上，只有做出绩效才是证明自己的唯一方式。

奖金是非固定收入，奖金与职级、个人绩效以及管理绩效挂钩，是企业对员工达到一定业绩标准后给予的奖励。奖金制度使员工利益与企业利益挂钩，企业效益越好，员工奖金越多。个人绩效指标包括销售量、销售回款等；管理绩效包括团队销售回款、团队出单率（出单人数÷团队人数×100%）、利润率、投资回报率、晋升人数、员工满意度等。

## 提成

提成是企业按照销售回款的一定比例给予销售员的利益分成，提成是非固定的，有销售回款才会有提成。提成是销售员最看重的部分，也是最主要的收入来源，最能体现销售员的价值。企业要制定有吸引力的提成比例，努力使提成收入占到销售员收入的一半以上。

提成分为个人提成和团队提成。个人提成是指销售员个人销售产品所得的提成；团队提成是指团队管理者从他所管理团队的销售回款中所得的提成，团队提成比例要低于个人提成比例。

高提成会直接提升销售员的工作热情，企业不要认为高提成会给企业造成损失，因为有销售回款，销售员才能拿到提成，没有销售回款，提成并不会产生。提成的目的就是要激励销售员不断挑战更高的收入，销售员的提成越多，企业的销售收入越多。销售员拿不到提成，只能说明两点：一是产品销售不出去；二是企业克扣提成或提成比例极低。这样的企业不会有竞争力，也没有发展前途。

提成制度必须是可持续的，不能随意中断或经常改变。提成制度是企业对员工的承诺，可持续的提成制度才能给予员工信心，这样的企业才值得员工持续投入。

提成标准要易于计算，不能太模糊、太虚无缥缈，也不要过于复杂。如果提成标准复杂到难以计算，就失去了它的意义。销售员知道自己完成多少销售收入，能够得到多少提成，他们才会充满动力地工作。如果他们不知道自己的努力是否能够得到回报，他们就失去了工作的热情，就会选择少工作，只拿那份有保障的岗位工资。

提成的计算基数一般有两种：一种是以销售回款为基数，另一种是以销售利润为基数。按销售回款计算很方便，因为销售回款是一个确定的数值，销售回款乘以提成比例就是最终的提成数额。按销售利润计算较为复杂，要用销售回款减去销售费用，再乘以提成比例。这种计算方式很难即时得出应得的提成数额，因为你不确定有多少销售费用，但是这种提成方式的好处也显而易见，就是销售员为了拿到更多的提成，会努力降低销售费用。

提成制度必须公开，要让每一位销售员都能根据自己完成的销售收入，计算出可以赚到多少钱，以便根据期望收入来安排自己的工作。当他们获得应有的提成后，就会增加工作量以获得更多的提成。提成制度公开还意味着收入透明，这样有利于形成竞争氛围，充分调动销售员的积极性。

提成比例应设置为阶梯递增结构，销售回款越多，提成比例越高。例如，1万~9万元销售回款，提成5%；10万~19万元销售回款，提成7%；19万元销售回款以上，提成10%。如此才能激励销售员签大单。

长年缴费的产品，也必须长年支付提成，否则客户将会因为无人服务而流失。为激励销售员不断开拓新客户，续期提成比例可以逐年降低。例如，第二年提成是首年的50%，第三年提成是首年的30%，第四年以后均为首年的20%。如此一来，销售员每年都会努力开发新客户，并且也会服务好老客户，企业也会从长期缴费的客户那里获得稳定的收益。

企业可以考虑采用全员提成制，所有员工都可以参与客户开发，都可以获得同等标准的提成收入。这会激励全体员工关注市场，提升全体员工的市场意识，并能有效利用所有员工的资源和能量，有效降低营销费用，减少销售员工的配置，降低企业的综合成本。

## 股权和分红

除了短期的薪酬和提成外，员工的收入还包括长期的股权和分红。

企业的经营之路跌宕曲折，没有长期的利益捆绑，没有足够的利益驱动，企业很难留住人才。另外，如何长期激励员工，保持员工的责任心和主动性，也是企业管理的一大难题。

员工持股计划是一种长期的激励机制，它将员工利益和企业利益紧紧捆绑在一起。企业按照员工的绩效和职级为他们匹配不同的配股方案，员工的绩效越好，股权和分红就越多，员工的长期激励就得到了落实。

员工的股东身份会激发出他们的责任心和创造力，他们会积极参与企业事务，主动为企业献计献策。员工持股也意味着股权的适度开放和分散，这就为民主管理提供了前提，为企业的稳健持续发展提供了制度上的保障。

企业越早实施员工持股计划，对企业越有利，越能聚集人心。企业可以尝试先从核心管理层和骨干员工开始，然后逐步扩大到全员持股。为了落实员工持股计划，企业还要建立透明的会计制度和完善的股权进出转让制度。

华为的高速发展，离不开华为的全员持股方案。华为刚开始的股权激励偏重于核心技术人员和管理人员，随着企业规模的扩大，华为有意识地扩大员工的持股范围和持股比例。在华为，98.6%的股票为员工持有，任正非仅持有1.4%左右的股票。华为的全员持股计划将员工利益与企业利益紧紧绑在一起，对调动华为员工的主动性和创造性起到了积极作用。

西贝是中国知名的餐饮品牌，在中国拥有200多家店面。西贝为了实现门店的稳步扩张，独创了一套"创业分部+赛场制"的经营机制，也就是西贝的"合伙人计划"。西贝总部给予创业分部最大限度的股权下放，他们只需要向总部上缴60%的利润，余下的40%由创业分部自行分配。为了保证开店初期的稳定性，西贝总部会承担开店前三个月所有的资金成本，给予创业分部三个月的适应缓冲期。三个月后，新门店就要实现盈利，和总部分享利润。这个机制能保证西贝快速地收回成本，实现大规模的扩张，还能最大限度地激励员工。

另外，西贝总部会对每个创业分部发放"经营牌照"。每年会按照利润、顾客评价等指标对创业分部进行排名，对于排在后30%的创业分部，西贝会收回他们的"经营牌照"以及相应的股份。但这并不是说他们从此"下岗"了，西贝会将这个创业分部打散，重新分配到其他的创业分部中去，使其获得新的股权。即使创业分部处在重新分配的过渡期，西贝也会照常给他们发放薪水，让员工省去后顾之忧。这就给了员工试错的机会，上一次的失败可能是因为某种客观因素的制约，在下一次的重新组队中，依然可以证明自己的能力，这就是西贝的"赛场制"计划。

新东方的股份，我也可以讲一讲，老俞50%，我和王强是10%和10%，我们在漫长的新东方的创业的长征当中，我经常说一句话：我为了我的10%而战。当然，我是爱俞敏洪的。如果我们不是合伙人，如果新东方的利益不跟我们捆绑在一起，假如仅仅是为了新东方培养人才的理想，我早就去团中央了，或者是去红杉了。正是因为我们的利益捆绑，我们才能在每一个艰难时刻一起挺过来。

不要用兄弟情义来追求共同利益，这个不长久，一定要用共同利益追求兄弟情义。不能纯粹为了理想去追求事业，但你的事业一定要有伟大的理想。这样的合伙人制度才能长久。

——徐小平

我创建公司时设计了员工持股制度，通过利益分享，团结起员工，那时我还不懂期权制度，更不知道西方在这方面很发达，有多种形式的激励制度。仅凭自己过去的人生挫折，感悟到与员工分担责任，分享利益。创立之初我与我父亲相商过这种做法，结果得到他的大力支持，他在20世纪30年代学过经济学。这种无意中插的花，今天竟然开放得如此鲜艳，成就了华为的大事业。

——任正非《一江春水向东流》

# 晋升制度
## ——为员工创造职业成就感

鲁国的单父县缺少县长，国君请孔子推荐一个学生，孔子推荐了巫马期。他上任后十分努力与勤奋，兢兢业业工作了一年。结果是单父县大治。不过，巫马期却因为劳累过度病倒了。国君请孔子再推荐一个人。于是，孔子推荐了另一个学生宓子贱。他到任后就在自己的官署后院建了一个琴台，终日鸣琴，身不下堂，日子过得有滋有味。一年下来单父县依然大治。巫马期很想和宓子贱交流一下工作心得，于是他找到了宓子贱。

巫马期对宓子贱说："你比我强，你有个好身体啊，前途无量！看来我要被自己的病耽误了。"宓子贱听完巫马期的话，摇摇头说："我们的差别不在身体，而在于工作方法。你做工作靠的是自己的努力，可是事业那么大，事情那么多，个人力量毕竟有限，努力的结果只能是勉强支撑，最终伤害自己的身体。而我用的方法是调动能人来工作，事业越大可调动的人就越多，调动的能人越多事业就越大，于是工作越做越轻松。"

**为何要有晋升制度？**

晋升是落实管理的手段。在创业的初期，领导还可以事事亲力亲为，但是当企业逐渐发展壮大，员工越来越多，事务越来越多，领导就难以以一己之力担负起企业的管理和运营。这时就需要有管理者去分担领导的职责。没有一个公开、公正的晋升制度，企业就选拔不出适合的人才，培养不出能够承担责任的管理者，当然也就无法落实企业的管理和运营，企业的发展就会遭遇瓶颈。

晋升是企业的人才培养和选拔体系。晋升制度不仅为员工提供了职业的上升通道，还帮助企业完成了人才的培养和选拔，使企业能够随时拥有可用之才。

晋升是一种有效的激励手段。优秀员工长期得不到晋升，情绪就会受到影响，信心就会受到打击，甚至会萌生退意。晋升制度为员工提供了一个公平的发展机会，为员工带来了职业上的荣誉感，激励员工不断挑战自己的潜能，突破职业的瓶颈，获得更高的职业成就。

## 建立公开、公平的晋升制度

在多数企业里，员工的晋升由领导来决定，领导想提拔谁就提拔谁。员工为了自己的职业前途，不得不去讨好领导，尽量在领导面前表现自己，展示自己最好的甚至是虚假的一面。领导听到、看到的都是好事，不好的事绝对不能让领导知道。善于溜须拍马、逢场作戏的人获得了晋升，而勤恳实干的人永远处于底层。

所以，晋升并不是一件小事，如果没有一个公开、公平的晋升通道，企业就会滋生各种不良现象。领导无法了解业务的真相，具有真才实干的人也得不到提拔，这就会导致企业陷入混乱的局面。为了避免这种情况的发生，企业必须建立一个公开、公平的晋升制度，建立客观的绩效评价标准，所有员工都必须通过公开的渠道获得晋升，不唯关系、不唯年龄、不唯学历、不唯专业、不唯性别、不唯背景、不唯相貌，一切都靠工作绩效说话，由员工自己来掌握自己的职业前途。

企业要为每一个岗位规划出晋升路径，设置合理的职业层级，匹配合理的职级工资、奖金和福利标准。注意不能设置过多的职业层级，以避免官僚主义和效率低下。销售岗可分为四个层级：销售员、销售主管、销售经理和销售总监。晋升必须逐级进行，不能跃级。基层岗位和高层岗位的晋升标准会有所区别，基层到中层岗位以绩效为主；高层岗位更看重品德，强调具备战略思维和资源整合能力。

销售员的晋升标准只有销售指标，包括销售量、销售回款、提成等；管理者的晋升指标包括销售指标和管理指标，管理指标包括团队出单率、团队成员人数、团队主管人数、团队销售回款、团队利润、员工满意度等。晋升指标不可设置过多，以免流于形式或执行成本过高，视现实情况选择两个至三个指标即可。但是管理者的晋升指标中一定要包括团队主管人数，也就是说必须要求管理者具有培养人才的能力，否则就不能晋升。例如，晋升总监的指标中一定要包括培养出三名经理，晋升经理的指标中一定要包括培养出三名主管。如此一来，管理者就会主动为企业培养人才，团队就能实现自我发展。

另外，可以将晋升和考核做成一个体系，以简化管理，降低管理成本。要做到有升有降，避免使晋升制度变成一个养懒人的制度。方法很简单，同时设置晋升、保级、降级三个标准即可。例如，做到"3"可以晋升，做到"2"保留原职级，做到"1"降级。这样就可以将晋升和考核统一起来，在执行上也容易操作。

晋升标准一定要高于员工的平均标准，要有一定的难度。企业可以先设定一个晋升比例，如每年有5%的员工可以获得晋升，根据这5%的员工的业绩就可以制定出晋升标准，这样就可以保证晋升制度的有效性，不至于使晋升制度成为一种摆设，没有实用价值。考核标准也可以按此方法制定，先设定一个考核的比例，然后根据实际业绩制定一个合理的考核指标。

晋升要以结果为导向，员工的绩效达到晋升标准将自动获得晋升，当然员工也有权拒绝晋升。企业可以给销售岗提供两个晋升通道：一个是管理通道，管理通道就是要发展团队，走团队管理路线；另一个是销售通道，销售通道就是走个人专业销售路线，无须经营团队。销售员可以任选一个作为自己的职业发展路线，专注于自己擅长的领域。

一旦建立起晋升制度，企业内就会形成竞相晋升的氛围，每位员工都希望跟上晋升的步伐。管理者也会主动帮助自己的下属制订晋升计划，帮助其完成各项晋升指标，因为下属完成晋升目标，自己的晋升目标也将完成。如此一来就形成了师傅带徒弟的氛围，每位师傅都会帮助徒弟成长，业务上就有了传承。销售员做不出业绩，主管会很着急。主管情绪低落了，经理就会去关心。经理在管理上遇到瓶颈了，总监会去辅导。一个好的晋升制度能在企业内形成良性的竞争氛围，实现团队的自我更新和自我发展。

# 绩效评价制度
## ——将资源向绩优产能倾斜

绩效评价的目的不是考核，而是找到最佳的资源配置方案，更好地分配企业资源，让企业资源发挥出最大的效能。企业经营中会体现出 80/20 法则，也就是说，20%的组织或员工贡献了 80%的产能。如果你能知道这 20%的组织和员工是谁，就可以将资源优先配置给他们，从而产生最大的绩效，达到最好的管理效果。

管理和经营要围绕着绩优产能展开，将资源向绩优产能倾斜，这样产能就会越来越高；相反，将资源向落后产能倾斜，就会被拖入泥潭。企业的资源有限，要想拥有更强的竞争力，就要将资源聚焦于优势产能，在优势上再扩大优势。

很多企业误解了绩效评价的本质，没有发挥出绩效评价的作用，他们仅仅将绩效评价作为考核的依据，目的就是裁员、降级、降薪和缩减成本。结果企业上上下下投入了大量的精力和成本，换来的却是绩效和士气的下降。

绩效评价是进行激励和资源分配的依据，绩效评价必须能够客观反映经营事实，掌握每一个部门、每一位员工对企业的贡献度。绩效评价的主导者不是总部大楼里的人力资源部，虽然他们对各种理论和工具运用娴熟，但他们缺乏业务思维，对一线缺乏了解，难以洞察业务的本质。所以，绩效评价的主导者一定在业务部门，必须由具有丰富业务经验的管理者来担任。

绩效评价必须依据能够真实反映经营结果的、可量化的经营指标，这样才能掌握每一个业务单位对企业的贡献度。所以，找到一种客观、公正的绩效评价标准便成为关键。

### 建立绩效评价的标准

销售员的绩效评价指标相对简单，通常是两个财务指标：销售回款和利润。如果只是评价销售员的经营成果，这两项指标已经足够。

对于销售事业部，评价指标就相对复杂。不仅要知道各销售事业部的销售量、销售收入、销售费用、利润和利润率，还要知道它们具体归属于哪些产品、哪些业务团队，如此才能为管理提供依据。

销售量和销售收入是最常见的业绩指标，但是它们并不能反映真实的业务质量，因为销量高或销售收入高的产品不一定能为企业带来利润。市场占有率也不能作为单一的评价标准，因为较高的市场占有率不一定能带来更多的利润，过度强调市场占有率会促使销售部门通过降价来提高销量，用利润来换取市场份额。

IDC公布的2016年全球智能手机市场数据显示，2016年全球智能手机总销量超过14.7亿部，销量前五名的手机厂商分别是三星、苹果、华为、OPPO和vivo。三星市场份额为21.2%，苹果市场份额为14.6%，华为市场份额为9.5%，OPPO市场份额为6.8%，vivo市场份额为5.3%。

而市场研究公司Strategy Analytics发布的另一份数据显示，2016年全球智能手机市场的总营业利润为537亿美元，其中，苹果的营业利润占比高达79.2%，三星占比为14.6%。

苹果手机的销量份额为14.6%，但利润份额却高达79.2%；三星手机的销量份额为21.2%，但利润份额却只有14.6%。苹果手机的高利润率来自它卓越的产品质量和品牌溢价，人人都会羡慕苹果手机的利润率，但苹果手机的价格定位却不是每家企业都能模仿的。

利润是企业赚到手的钱，每家企业都希望提升自己的利润率，以赚取更多的利润。利润=收入-费用，提升利润的关键不是提高价格，因为价格不是想定多高就能定多高。提升利润的关键在于成本控制，成本控制得好，就能拥有更多的利润，这才是真正掌握在企业手中的竞争力。

"销售收入"代表的是消费者对产品的接受度，"利润率"代表的是企业的经营效率。"销售收入"解决的是企业的生存问题，"利润率"解决的是企业的发展问题。在企业发展的初期要追求"销售收入"，在企业的成熟期必须追求"利润率"。

衡量一项业务质量的好坏或一个部门运营效率的高低,最本质的逻辑是看投入与回报之间的关系。也就是说,投入少,回报多,就是好业务;反之,业务就不够好。这就是投资回报率的概念,投资回报率由三个因素决定:一是投入,二是利润,三是时间。简单地说,就是投入了多少钱,赚了多少钱,以及赚钱所用的时间。投入的钱越少越好,赚的钱越多越好,所用的时间越短越好。

投资回报率=利润率×资金周转率,假设你的利润率是5%,资金一个月周转一次,一年周转12次,一年的投资回报率就是5%×12=60%。投资回报率是衡量业务质量最客观的标准,它兼顾了成本、利润和时间。影响投资回报率的两个关键因素是利润率和资金周转率,将这两个因素分解,我们就能了解业务的真相,了解到利润和亏损的结构。利润率表明了企业的盈利能力,利润率=利润÷成本×100%,我们通过分析成本的组成,就可以找到不必要的支出,然后通过缩减不必要的支出就能够提升利润率。资金周转率表明了企业的运营能力,资金周转率提高一倍,利润就能提高一倍。资金周转率受两个动态变量的影响,即资金流和物流,企业通过优化账期管理、库存控制、配送管理和品类管理,就能有效提高资金周转率。

将投资回报率作为统一的绩效评价标准后,销售事业部就会将自己作为一个真正的经营单位,开始将管理目标聚焦于降低成本、增加收入和提高资金周转率。销售事业部每月都要向总部提交自己的月度业绩分析报告,该报告以投资回报率为核心,分析自己在成本、收入和资金周转率方面的表现,以及下一步的具体改进方案。通过这样的分析,就能使业务清晰地展示在管理者面前,有利于发现业务的矛盾点,并找到提升效率的方法。通过月度业绩分析报告,总部高层与各销售事业部建立了有效的沟通机制,销售事业部也能够更为科学地进行自我评价与管理。

# 激励制度

## ——有激励，才有动力

企业的经营机制，说到底是一种利益驱动机制，目的是驱动员工不断创新，努力工作，创造更好的绩效。激励制度是企业最基本和最核心的制度，企业制度都是围绕着激励展开，如果达不到激励的效果，就不是好的制度。薪酬、晋升、绩效评价的本质都是激励，在于激发员工的潜能，调动员工的积极性，实现员工的自动自发。

管理中一个很大的问题是，企业过于功利和短视，眼睛只盯着销售收入，对员工却不闻不问，甚至采取了不信任、不告知、不授权、不支持的态度，极大地伤害了员工的自尊心，挫伤了他们的积极性，使他们产生了消极对抗的情绪。要知道销售收入是由员工创造的，客户服务是由员工完成的，企业不能激励员工，不能满足员工，就不可能带来好的绩效。

美国哈佛大学的詹姆斯教授曾对人力资本的激励问题做过专题研究。他的结论是：如果没有激励，一个人的能力发挥不过为20%~30%；如果施予激励，一个人的能力则可以发挥到80%~90%。当人们得到别人的信任和赞赏，就会爆发出更大的动力，更加积极地表现自己。企业的活力源于员工的主动性和创造性，企业能够更好地满足员工，员工就会更好地服务客户，客户就会反复光顾，企业就将得到最好的回报。

## 激励生活化

激励首先是一种文化，是一种认知，激励并不一定要刻意为之，也不一定要投入很多成本。给予员工充分的信任、授权和支持，让他们在开放、平等、包容的环境下工作，他们就能很好地发挥自己的才能。激励是随时随地的，只要你将注意力转移到员工身上，就能发现他们的进步和成长，及时地给予表扬和奖赏，你就会收获超出期望的回报。

"感动员工"是海底捞对所有管理者的基本要求,一名管理者一天感动10位顾客,不如一天感动5位员工,因为受到感动的5位员工绝对不止感动10位顾客。服务质量并不在于服务本身,而在于将企业的善意和关怀传递给顾客,这才是最有心意的服务。海底捞的管理者都是从基层晋升上来的,他们非常了解基层员工的工作状态和心理需求,他们能发自内心地关爱员工,并且给予员工支持和帮助,从而得到员工的认可。

## 激励制度化

企业也要将激励作为制度固定下来,形成企业的价值规范。激励制度使员工对自己的行为有了预期,他们知道自己达到某个目标后就能获得什么样的回报,这样他们就会通过调整自己的行为达到企业的期望,进而实现个人价值的提升。

激励制度使激励成为一种公开的标准,而不再是一种可有可无的意外惊喜。激励要和各种经营指标挂钩,当员工达到某个指标后,就会实现自动激励。员工知道企业期望的标准,就会向那个方向努力,进而形成大家共有的价值观。

在组织管理中存在着多种形式的激励,如物质形式的激励和精神形式的激励,但无论何种激励,它们的理论基础都在于满足员工的需要。所以,管理者必须了解员工的需求,包括他们的家庭状况、现时的心态以及对时下热点的追求,然后进行针对性的激励,才能达到最佳的效果。

员工需求包括两个层面:一个是物质层面,另一个是精神层面。只有把两者结合起来,才能达到最好的激励效果。物质层面的激励包括薪酬、股权、奖金、保险、年金等;精神层面的激励包括晋升、竞赛、颁奖、旅游、进修等。这些都是最基本的激励手段,企业可以根据自身的情况参考选择。

激励要公开进行,并且要营造一定的仪式感,这样才能产生最佳的示范效应,更广泛地调动员工的积极性。荣誉感的力量非常强大,它会鼓励员工继续展示自己最好的一面,并会使全体员工受到鼓舞,形成一种正向的企业文化。很多优秀员工在多年后依然清晰记得自己接受颁奖、发表感言、参加酒会时的情形,每次回想到这一刻,都会使他们激动不已。

# 四、团　队（Team）
## ——营销策略的执行者

不论企业拥有多么好的营销策略，最终都需要有人将它们落实到位。从更广的视角来看，营销团队既包括终端销售团队，也包括为终端销售团队提供支援的支持部门，如客服、市场、策划、公关、新媒体、商务等，当然也包括企业外部的渠道商。

每一家企业所处的行业不同，产品特性和客户定位也不相同，所以企业采用的销售形式也不一样，并不存在某种约定俗成的营销组织形式。对于企业而言，最能有效接触客户的方式、效率最高的方式，就是最好的营销方式。

## 销售团队的常见问题

每一家企业都有自己独特的文化和制度，团队成员的个人经历、家庭背景和处事方式也各不相同，要使每一位成员都融入团队，形成一支向心的力量实属不易。销售团队中可能存在各种不和谐现象，不过所有的事情都有起因，它们常常会与以下几个因素有关。

首先，选才不当。很多企业急于扩张团队，选才缺乏标准，忽视了对品德和素质的要求，导致不适合的人进入了团队，为日后的管理带来了隐患。比如，有一些销售员缺乏诚信，用夸大误导的方式来欺瞒客户；一些销售员采用不正当手段打压其他销售员；一些销售员把持客户和经销商资源，要挟企业，索取不正当利益等。

其次，责、权、利分配不公。销售团队承担着创收的责任，但他们不能参与产品的研发和营销策略的制定，也得不到应有的销售分成。当销售收入下滑，他们却要面临减薪或下岗，这就违背了责、权、利对等的原则，造成了销售团队的不满。

最后，不重视对销售员的培育。很多企业过于功利，只用人，不育人。

企业把销售员当作工具，只想利用他们的资源与体能，不给他们提供成长的时间和空间。当销售员的资源被耗尽，不再具有利用价值，就会被企业无情抛弃。

要想建立团结高效的团队，就必须处理好以上三个问题。第一，要严把选才关，不仅要重视经验和能力，更要重视德行和素质。经验和能力决定了销售员的生存，德行和素质决定了销售员的发展。选对人，团队就成功了一半。第二，企业要根据责任去匹配权利和利益，把权利和利益赋予真正承担责任的人。第三，企业要有更长远的眼光，要关心销售员，培育销售员，扶持他们成长。只有拥有一支稳定的销售团队，企业才能拥有忠诚的客户，业务才能不断发展。

## 有了对的产品、策略和制度，销售团队才能发挥出效能

必须再次强调，产品、策略和制度是更重要的营销要素，销售团队的作用是锦上添花，做不到雪中送炭。如果企业的产品、策略和制度都很差，就不能指望销售团队来力挽狂澜。企业不能把宝押在销售团队上，产品不好、策略不对、制度变态，任何一个销售团队都无能为力。反过来，如果企业的产品非常好，营销策略也对头，又有好的激励制度，那么销售团队就能发挥最大的作用。

苏州有一家叫作德胜洋楼的企业，专门从事美式别墅的设计及建造，占据了国内木质结构别墅70%以上的市场份额。这家企业只有一个销售员，那么，它是如何发展业务的呢？靠的就是质量和口碑。德胜洋楼对质量和服务的要求十分苛刻，举例来说，公司的质管体系要求：所有拧好的螺丝钉的螺纹必须呈现出端正的"十"字；钉距必须保持在6寸，而不能是6寸半；别墅出现的所有质量问题，公司24小时内一定给予解决。良好的质量和口碑使得这家报价最高的企业订单不断，以至于不需要主动推销。

## 销售是高难度的工作

请你相信，不论在任何行业、任何企业，持续创造收入永远是最重要、

最紧迫也是最难的工作。不要说大企业不在乎收入，越是大企业，越怕陷入收入下滑的困境。一旦收入下滑，投资人就会恐慌，市场声誉就会下降，银行就会收贷，债权人就会上门，资金链就会面临断裂，然后企业就会进入一个恶性循环，几乎你能想到的所有坏事都会接连发生。

只有一件事能够力挽狂澜，那就是销售收入的提升，只要销售进入良性循环，几乎可以解决一切问题。

销售与其他工作的不同，在于其难以掌控性。事务性的工作只要去做，就会有进度，就会有效果。而销售不同，即使你付出了行动，也不一定有效果。因为影响销售的不确定因素太多，这就像"蝴蝶效应"，你不知道这只蝴蝶在哪里，也不知道有哪些因素会参与气流的振动，强度又是如何，所以你永远无法知道飓风会在什么时间、什么地点、以什么强度发生。

销售的难点在于其不确定性，很多因素会影响到客户的决策，如政策调控、金融危机、行业周期、竞争因素、原材料价格上涨等。即使在企业内部，也会存在很多不确定因素，如商业模式、产品质量、产品价格、客户定位、渠道策略、品牌传播等。

销售是一个高难度的工作，销售员必须能够在不确定的环境中，努力抓住少数确定的因素，准确捕捉成交的时机。而作为企业领导，一定要了解销售的这种特性，要为销售团队提供更为确定的销售条件，如合理的商业模式、完备的产品信息、明确的营销政策、有力的销售支持等。销售的确定因素越多，销售的可预期性就越大。

## 该不该在销售团队中推崇"狼性"？

很多企业领导渴望自己能够拥有一个"狼性"团队。其实对"狼性"是有争议的，有些人推崇"狼性"，也有不少人反感"狼性"。"狼性"是一把"双刃剑"，用得不好，可能会对团队造成伤害。

"狼性"中有优点也有缺点，优点包括敏锐的嗅觉、团队合作精神、组织纪律性和坚持。不可否认，这些都是值得我们学习的。但是"狼性"的缺点也很明显，如冷漠、凶残和充满攻击性。

我不建议在企业中提倡"狼性"，因为它的副作用可能会更大。"狼性"会使人际关系变得紧张，大家互不关心、互不信任、互相提防，越来越缺少人情味，不利于工作的协调和开展。

另外，客户也不会喜欢咄咄逼人的目光，没有客户希望企业将自己当作猎物看待。客户需要的是设身处地的理解和关怀，需要的是对家人一般的帮助和支持。"狼性"显然不会让客户感到温暖和感动，只会感到冷漠和功利。

企业之所以推崇"狼性"，无非是想激发员工的斗志，让他们更加积极主动，保持亢奋的工作状态。另外，还有一点小私心，就是希望员工不图回报地付出。否则，就不会主张这种无须任何投入的精神激励。

现在企业里的员工以"90后"为主，他们都受过高等教育，拥有独立的思考能力。企业不关心员工，不为他们提供支持，只是一味地利用员工，他们都能体会到。他们知道这仅仅是一份工作，只要能够对得起这份工资，也就能心安理得。

激励不是喊口号和洗脑，这对知识型员工已经不起作用。激励需要付出实际的行动，需要真正地关心员工，扶持员工成长，为员工提供回报。员工切实感受到企业的支持和心意，才会将工作当作自己的事，才会高标准地要求自己，这才是真正的激励。

# 选 才
## ——找对人，事业就成功了一半

选才是管理的起点，是所有事情的关键。找对人，事情就成功了一半；找错人，接下来什么都是错的。企业里很多的管理问题源自选才不当，不对的人进入企业，不仅业绩做不好，团队也会搞得乌烟瘴气。管理不是改变人，改变一个人实在太难，甚至基本不可能，管理的要义在于因势利导，去发现员工的长处，让他们在自己的优势领域自由发展，从而达到最佳的管理效果。打造卓越的企业，一定是从选才开始的，要摒弃人海战术，建立精英人才战略。品质好、能力佳的人进入企业，管理就会非常轻松，团队产能高，队伍稳定，关系和谐，还能实现自我发展。

## 用人部门来主导招聘

在企业里，招聘工作往往由人力资源部门来主导，人力资源部负责筛选、面试、评价、录用和培训的全过程。

人力资源部通常较为注重候选人的外在条件、教育背景和职业经历，从而忽视候选人的价值观、职业素养和内在潜质。并且，人力资源部不熟悉用人部门的业务特点和岗位要求，很难针对性地评估候选人的适配性。所以，很多新员工在入职后不能适应岗位的要求，淘汰率居高不下。

招聘的主导权应该在用人部门，用人部门更了解岗位的职能和特性，更能把握候选人的考察要点，更能客观评估候选人的适配性。所以，要由用人部门来主导面试、评价、录用和培训的全过程，人力资源部只提供辅助支持。这样，更有利于人才的甄选，有利于新员工快速适应新环境，有效提升新员工的留存率。

## 相马还是赛马?

我们都知道有一个人才遴选机制叫作"赛马不相马"。企业不去主观评判员工,而是将所有员工置于同一起跑点,在实践中去检验员工的能力。

这听上去非常公平,但赛马机制也并非放之四海而皆准。例如,刘备找到诸葛亮,先给他一个文书的职位,视工作表现再考虑是否晋升,诸葛亮会出山吗?刘邦不拜韩信为大将军,韩信会帮助刘邦平定四国,击败项羽吗?

高级人才是不会从基层做起的。你不能识才,不仅会失去这个人才,还会将这个人才拱手让给竞争对手。韩信早期就是项羽的部下,韩信多次给项羽献计,但项羽不予采纳,因得不到重用,韩信才出走投奔刘邦。

对于高级人才,不能"赛马",而要去"相马",如果领导很难做出判断,就要去征求专家的意见。历史上有很多顶级人才是来自别人的推荐,如萧何向刘邦推荐了韩信,荀彧向曹操推荐了郭嘉,徐庶向刘备推荐了诸葛亮。

高级人才要"相马",初级人才要"赛马",千万不要搞反,否则企业就选不出人才,也培养不出人才。

## 招募一流人才

一流的人才成就一流的企业,苹果公司的成功,也不是因为乔布斯一人之力,而是由于苹果公司聚拢了一大批世界顶尖的科技、设计和营销人才。乔布斯表示,他花了半辈子时间才充分意识到人才的价值,他把大约 1/4 的时间用于招募人才。

一流人才的视野格局开阔,他们拥有更高的工作标准、更好的工作态度、更强大的内在驱动力,以及更好的学习能力和抗压能力。他们能够做到自动自发,能够以一抵十。并且,越是优秀的人才,越易于管理,企业的运营成本越低。

想成就一个伟大的企业,就要有容人之心,要能够接纳比自己更优秀的人才。奥美广告的创始人大卫·奥格威在其《一个广告人的自白》一书中写道:"如果你经常雇用比你弱小的人,将来我们就会变成一家侏儒公司。相反地,如果你每次都雇用比你强大的人,日后我们必定成为一家巨人公司。"

## 建立选才的标准

一些企业将能力和技巧作为人才的首要考察指标,忽视了候选人的品德素养。要知道"请人容易,送人难",如果品行不好的人进入企业,将会为日后的管理带来很大的隐患。在人才的招募上，企业一定要尽可能地考虑长远。品德是无法培养和改变的，能力却可以逐渐提升。很多工作并非很难，只要能激发出员工的热情，就会出成绩。但若是品德不好，则会对工作造成破坏。

从原则上来看，在所有的选才维度中，首先是品德，其次是能力，最后是技巧。要首先考察候选人的品德素养，包括价值观、态度以及性格；其次是考察候选人的能力和经验；最后才是他的工作技巧。

要根据每一个岗位的职能要求和发展目标制定出具体的能力考察标准，如经验、认知、专业和工作习惯等，要严格按照标准去甄选人才。我在上一本书《销售的蜕变》中详细叙述了成功销售员具备的六项素质：企图心、行动力、态度、习惯、学习力和形象。企业可以将这六项指标作为销售员的考察维度，用以判断销售员的发展潜质。

另外，企业要特别珍视那种敢说真话、勇于提出不同意见的人，这类人往往拥有正直的品格和特殊的才能。企业需要的是实干者，而不是虚头巴脑的人，应该为实干者多提供机会。相反，要提防那些恭维奉承、溜须拍马的人。这些人没有真才实学，却会见风使舵，成事不足，败事有余。

## 面 试

要想选择到适合的人才，一定少不了面谈，只有面对面地交流才能充分地交换信息，建立充分的认知。面试也许会进行很多次，越是你重视的人才，越需要充分地沟通，沟通得越深入，越有利于做出正确的判断。

销售岗位的面试官要由销售部门的负责人来担任，如果候选人应聘的是高级职位，面试官则要由 CEO 来担任，而不能由人力资源部人员或同级别人员来面试，因为他们无法做出公允的判断，要么错失人才，要么选择错误。

在初次面试时，面试官首先要介绍公司的业务、发展前景和工作内容，然后开诚布公地介绍薪酬和福利。在初次面试时，面试官要给候选人足够的信息，要能让候选人判断自己是否适合这份工作。在得到候选人的确定答复后，双方再进行更深入的沟通。否则，在最后环节候选人才知道企业提供的薪酬和福利达不到自己的期望，这对双方都是浪费时间。另外，面试官迟迟不讲薪酬和福利，候选人也会怀疑企业的实力和诚意。

面试官在得到候选人的确定答复后，再进入下一步的深入沟通，重点考察候选人的工作能力和潜力。面试官需要设计一系列问题，以还原事实的真相。问题必须是开放式的，不能是封闭式的，否则就了解不到真相。

例如，"你认为自己是一个积极的人还是一个消极的人？"这就不是一个好问题，因为这个问题已经给出了预设答案。好问题是"你遇到的最棘手的问题是什么？你是如何处理的？"

以下是一些可以还原事实的细节问题。在候选人回答时，面试官一定要认真记录。因为候选人事先并未准备，所以答案的真实性较高。另外，通过分析答案之间的逻辑关系，你就能判断出他是在讲真话，还是在撒谎。

你为什么要从事销售工作？你希望在销售工作中得到什么回报？你认为销售工作为你带来了哪些改变？你想在销售领域达到什么样的成就？你认为一个优秀的销售人员需要具备什么素质？为什么？你一个月的销售额是多少？你对这个成绩满意吗？你认为自己有哪些不足？你的客户组成有哪些？是一个人完成，还是团队的合作？你是如何开发客户的？其他员工采用什么样的开发方式？你如何规划你的拜访计划？你一天拜访多少客户？客单价是多少？成交率是多少？你认为是否还有提升的空间？

另外，为了更准确地辨识人才，企业要利用好试用期。在试用期内设置几个关键的工作指标，这些指标不一定是销售回款，可以是工作量和工作态度指标，如客户的拜访量、培训的完成情况、工作日志的完成情况、是否愿意接受管理者的指导、是否适应工作规范、是否有客户投诉等。重点考察他的工作态度和执行力，在试用期结束后，根据以上几项指标为他打分，他的实际工作表现将决定他的去留。

要做到准确识才并不是一件容易的事。很多时候，我们对自己都缺乏了解，连自己的优点和缺点都看不清楚，更何况对于别人。在这里，我引用孔子对于任用人才的论述，希望对大家有一些启发。

"人心比山川还要险恶，比天道还难推测。天还有春、夏、秋、冬四季的变化，和早晚的区别；人的内心却深藏在外貌的后面，叫人无法了解。……因此，君子要任用某人时，必得先用下面几种方法来试探他是属于哪类的人：远离他，看他是否忠心；亲近他，看他是否有礼；吩咐他做繁杂事，看他是否有才能；突然问他，看他是否多智；限定期限，看他是否守信；委托钱财，看他有没有仁心；告诉他危险的事，看他会不会变节；让他酒醉，看他是否守法；处于混杂的地方，看他是否会淫乱。有这九种试验，是否是不肖之徒便可以看出来了。"（引自林语堂著《老子的智慧》，江苏文艺出版社，第 242 页。）

# 育 才

## ——人才以培养而出，器识以磨砺而成

如果你是一位将军，你会同意未经训练的士兵上战场吗？想必没有哪位将军会同意这种做法。因为不管你拥有多少士兵，你都不希望发生无谓的减员。

但是在企业里，新招募的销售员未经任何训练，也得不到任何后勤支持，就会被派向市场。并且，企业还理直气壮地认为，大浪淘沙是最有效的人才筛选方式，经过残酷的丛林法则的考验，留下的就是最优秀的人才。

为什么你不会同意未经训练的士兵上战场，而未经训练的销售员就可以上市场呢？因为后果不一样，士兵死光了，将军就会死；但销售员"阵亡"了，企业还可以再换一批销售员。

"人才以培养而出，器识以磨砺而成。"天下没有现成的人才，没有哪个人生下来就是销售冠军。那些被淘汰的销售员也并非都是笨蛋，如果他们都是笨蛋，企业当初为何要录用他们呢？大浪淘沙是一种不负责任的做法，企业将自己不能识才、不会育才的责任转嫁给了销售员。

其实，频繁的人员流失会给企业造成巨大的伤害。招募、面试、筛选、上岗、考核这些工作会消耗大量的时间和资金，这个过程重复得越多，企业的成本越高。最终所有的成本都会附加到产品上，导致企业的竞争力越来越差。

大浪淘沙还会使销售员背负巨大的心理压力，他们感受不到企业的关怀，没有归属感，当然也不会有忠诚度。流失的销售员会带走他们的经验，新人得不到经验的传承，只能独自摸索，然后又会重蹈前辈的覆辙。

销售员的频繁流失还会使客户的体验变差。客户要经常面对陌生、紧张的面孔，倾听他们生涩的推介和无奈的解释，还要面对不良的服务和割裂的流程。客户难以忍受这样的待遇，最终只能选择离开。

## 尊重人才的发展规律

企业的成功建立在员工成功的基础之上，若企业中全是失败的员工，企

业谈何成功。企业要尊重人才发展规律，要积极培养员工，努力提升员工的成功率，这样才能建立专业的团队，走上可持续发展之路。

"员工是企业最重要的资产"，这句话不能停留在口头上，而是要落实到行动中。人才的培养并非一蹴而就，而是需要一段过程，很多销售冠军并非一开始就是第一名，而是经过长期的积累和调整后，才逐渐进入状态，并且越来越好。也有很多一开始的销售冠军，经过一两年后，资源被耗尽，士气开始下降，逐渐陷入消沉。

销售员的成长是一场长跑，如果企业用短跑的标准去衡量，将会错失很多长跑冠军。如果用短期的业绩来评判销售员的能力，将会让企业失去很多销售人才。所以，企业要为销售员提供一个宽松的成长环境。不要只注重短期业绩，更要看重销售员的工作态度和工作潜力，只要销售员的业务指标在不断提升、不断进步，就要为他们提供发展的机会。

## 做教练型的管理者

在企业里，存在两种类型的管理者：一种是教练型，另一种是监工型。

教练型管理者通常来自基层，他们是业务专家，拥有丰富的业务经验。他们爱才，也乐于去培养人才。他们了解销售员的成长路径，他们知道销售员在不同时期会遇到什么困难。他们能做到言传身教，帮助销售员解决业务中的实际问题，为销售员提供其所需要的心理辅导和技能训练，并发掘出他们的潜能和优势。

监工型管理者通常是外行，他们大多由领导直接任命，缺乏业务经验，也没有解决问题的能力。但为了掩饰自己的不足，他们必须做出高高在上的样子，并与销售员保持一定的距离。他们喜欢将时间花在领导身上，将领导照顾得无微不至，并"不经意地"表现出自己的优点。监工型管理者只会下达各种任务，从来不关心业务的细节。业绩好，他们就跑去邀功；业绩不好，他们就动用各种考核手段。

显然，企业更需要教练型管理者，而不是监工型管理者。企业要想让业务步入正轨，就要淘汰监工型管理者，扶持教练型管理者。当教练型管理者在企业中获得足够的重视，成为企业的主流，企业就拥有了自动产生人才的土壤。

西贝餐饮集团董事长贾国龙在一次业务交流中分享了他的团队管理心得："上级的责任就是帮助下属成长，为你的下属谋进步、谋福利。当我们不断地按照这个维度考核干部，西贝成就人的文化就形成了。在我们公司，一个管理人员只有不断地成就下属，他才能在西贝得到重视、重用和提拔。你帮助的人越多，在西贝的地位越高，得到的尊重越多。假若你不能成就下属，即便个人能力很强也不能带队伍。"

## 成立荣誉讲师团队

要为销售员提供最好的训练，就要找到最好的教练。无疑，一线的业务精英是最佳的人选，他们拥有丰富的实战经验，有从实践中总结的成功案例，能够让销售员快速学习借鉴。而且，他们也能设身处地地理解销售员，为他们提供心理上的辅导，帮助他们解决个性化的问题。

企业可以建立一个由业务精英组成的讲师团队，让业务精英承担起销售员的训练工作。应建立高规格的讲师准入标准，如业绩前三名的业务精英才有资格当选荣誉讲师，并要颁发荣誉证书，给予培训津贴。这样一来，讲师就会成为一种荣誉、一种激励，代表了企业对他们的认可，代表了全体员工对他们的尊敬。

销售员的培训要强调实战，至少要保障1/3的内容来自实际案例，要以解决销售员的问题和困难为宗旨。培训要将授课和训练结合起来，授课以讲师分享为主，强调思想上的认知和理解；而训练则以演练为主，强调将自己的理解转化为行动，真正成为个人的能力。两者结合起来，才能达到最佳的效果。

## 销售不是能力的问题，而是态度的问题

其实，销售员的基础条件差异并不大，大家都受过高等教育，都拥有良好的逻辑思维能力和语言表达能力。

可是在销售员中就是存在着业绩上的差异。随着对销售工作认知的深入，

我发现决定业绩的不是能力，而是态度。业绩不好的销售员不是不会做，而是不愿做、不认真做、不坚持做。表现为不认真学习产品、不愿意拜访客户、不持续跟踪客户、不敢要求成交、不愿意坚持学习。长期下去，就造成了业绩上的巨大差异。

销售员业绩差的根本原因在于他们还没有处理好自己的态度，还没有找到工作的动力。他们不够相信公司，不够相信产品，不够相信自己，所以导致张不开嘴、迈不开腿、事情做不到位、坚持不下去。销售员的培养，应从心态开始，管理者必须帮助销售员建立信心、化解疑虑、消除障碍，这样才能解决执行力的问题。

## 辅 导

辅导针对的是心态，目的是化解销售员的疑虑，帮助他们树立信心，提升他们的执行力，从"要我做"转变为"我要做"。态度问题主要分为两种：第一种是不自信，不相信自己，不相信产品，所以不敢做、不愿意做、不认真做；第二种是放不下自己，放不下面子，所以不好意思做、不能坚持做。

辅导必须因人而异，每个人的生活环境不同、心理状态不同，面临的困难也不相同。管理者需要定期（一周或两周）与下属进行沟通，倾听他们的想法和顾虑，了解他们的心理状态。要站在对方的立场给予理解，消除他们的负面情绪，解决他们的顾虑和障碍。不能现场解决的，事后要去落实，要给予结果反馈。

管理者在辅导中要注重培育下属建立三种心态，这是辅导的核心，是成功销售员必备的心理条件。

一是积极的心态。销售员要对自己有信心，对产品有信心。世界上不存在完美的产品，每一款产品都会同时拥有优点和缺点。拥有积极的心态，就会主动挖掘产品的优点，并积极向客户推荐，客户感受到你的信心，才会转化成购买的动力。这是销售员首先需要建立的心态，最顶级的销售员就是信心爆棚的人，他们能够将信心上升到信仰，拥有了信仰，所有的困难都能去克服，这是销售的最高境界。

二是换位思考的心态。一定要站在客户的立场上去思考，设身处地地为客户着想，不能为了自己的利益而给客户带来困扰。要让客户意识到你所销售的产品对他们而言多么有价值，用了之后会如何安全、便利和舒适。你的同理心将使客户难以拒绝，使你的销售之路畅通无阻，良好的口碑又会为你带来更多的优质客户，使你的业务进入良性循环。

三是永不放弃的心态。初级销售员缺乏坚持的精神，他们遇到困难会打退堂鼓，会为自己找失败的托词。成功销售员都具备一个共同的特点，就是在销售流程中始终执着地导向成交，绝不轻言放弃。成功销售员知道，成交就在下一次的坚持中，如果现在就放弃，自己一定会后悔。

销售工作有它的"效益滞后性"，也就是需要经过一段时间才会出现成果。但是，很多人还没有坚持到成果出现就已经放弃。这和优秀无关，和坚持有关。所以，销售需要坚持，就是"剩者为王"。命运会眷顾有毅力的人，你坚持下来，资源就会向你聚集，你就会成为最终的胜者。

## 训　练

训练是为了解决技能上的问题，目的是提升销售员的销售能力，解决他们在实际工作中遇到的困难，纠正他们的不良习惯。

训练围绕着销售员的工作流程展开。首先要知道销售员会面临哪些共性问题，先去解决共性问题，再去解决个性问题。可以向销售员征询，询问他们在工作中会遇到什么困难。另外，要去分析销售员的经营数据，包括拜访量、准客户数量、成交率、复购率、流失率和客单价。通过分析这些数据，就能够知道销售员在哪些环节出了问题，然后去制定有针对性的训练方案。

针对不同的训练课题，训练的形式有所不同。训练形式包括讲解、分析、示范和演练。通过讲解和分析能让销售员提高理论认知，掌握要领；通过示范可以让销售员知道具体的操作方法；演练是训练中极为重要的环节，由管理者和下属扮演真实角色，进行现场模拟。这就像是游泳课，只讲动作要领是学不会的，一定要下水实践才能学会游泳。以下是演练的大致方法：

管理者和下属轮流扮演销售员和客户，模拟所训练的内容，第三人负责记录，且每一句对话都要详细记录。演练结束后，大家来检讨过程，主要检讨两个方面：一是面谈的逻辑。销售员有没有成功引导面谈逻辑？原因是什么？如何改进？销售员引导逻辑的时机是否合理？方法是否得当？逻辑是否清晰？二是检讨对话的细节。销售员的提问是否准确、到位？是否具有合理的递进关系？回答问题是否正确？大家要讨论出更合理的改进方案，然后演练提高。

## 陪 访

　　在销售员作业的前期，管理者一定要陪同他拜访客户。销售员在实战中的表现通常与在训练室不同，实战中常常会发生各种不可预测的事情，只有通过陪访才能发现问题。针对每一位销售员，管理者至少要有五次陪访，帮助他成交客户，建立自信，形成自己的工作规范。前两次陪访由管理者主谈，做出示范，销售员观摩学习。后三次陪访由销售员主谈，管理者在一旁观察记录问题。每次陪访完，回到办公室都要做流程回顾，销售员回顾面谈过程，找到不足之处。管理者针对发现的问题，提出改进方案，并做针对性训练，切实提升技能。

# 励 才
## ——收入、晋升和快乐

选才、育才和励才是管理者的核心工作，选才是找到有潜能的人，育才是改善态度和提升能力，励才是激活能力。销售员的工作热情保持一两年不难，难的是五年、十年都保持高的工作热情，这是团队管理最大的难题。销售员的工作状态直接关系到绩效，在经过长时间的重复工作后，每个人都会存在职业倦怠感，也会出现职业发展的瓶颈。激励就是要不断提高销售员的满足感，激发他们的企图心，保持他们的工作热情。

## 激励的手段

激励要以满足员工的需求为前提，员工的需求不外乎以下三个：家庭生活质量的改善、职业成就感的满足和工作满意度的提升。简单地说，就是收入、晋升和快乐，所有的激励手段都在其中。

如果企业能够满足其中一项，员工会勉强留在企业；能够满足两项，员工愿意跟随企业一起成长；能够满足三项，员工愿意为企业奉献一生，赶都赶不走。下面我们就来分析收入、晋升和快乐具体包含哪些内容。

## 收 入

收入是激励的核心，获得理想收入是工作的第一需求，也是最根本的需求。工作的第一个动机就是改善生活，满足家庭的各项开支。生活中90%的困难和钱有关，每个人都需要支付各种账单，没有收入作为保障，不可能先去谈事业和理想。

企业的目标是追求利润，销售员当然也可以光明正大地追求收入。如果销售员都无欲无求了，还有什么动机工作？收入一定先于理想和价值观，只有满足基本的生活需要,能够有尊严地生活,接下来才能谈理想和价值观。

收入从短期讲有岗位工资、提成和奖金。岗位工资是企业支付给员工的与其工作能力相匹配的固定报酬。企业在做薪酬设计时,要先了解同业的工资标准,要想吸引人才,企业就要提供高于行业平均水平的工资。有人会说,工资高于行业平均水平,企业的运营成本就会增加,竞争力就会降低。那只能说明这家企业除了工资成本外,在产品和运营方面没有任何优势。如果要靠降低工资来维持生存,企业只会陷入恶性循环,导致越来越没有竞争力。

> 史玉柱曾经对员工工资提出过自己的看法,他说:"如果想要留住一个人,首先工资方面要能满足这个人的荣誉感,其实让员工的工资比同行业高出30%~50%,成本也不会有太大的涨幅,但是老板在工作上就会占据主动地位,放心提要求,不用担心员工随时甩手走人。但是对于高层干部光靠工资就不够了,还要有额外的收入,比如公司原始股。"

岗位工资提供的是一份安全感,要体现公平原则,同一职级的岗位,工资必须相同,否则会打击员工的积极性。例如,我的工资是1万元,和我同一职级的小张是2万元,你让我怎么有心情工作?

当然,在企业里不能搞绝对平均主义,员工的实际工作能力有差异,为企业创造的价值有大小之分,这部分差异就要用提成和奖金来体现。提成、奖金和员工的业绩挂钩,业绩越高,提成和奖金的数额就越多。提成和奖金是销售员最看重的部分,最能体现出销售员的价值,岗位工资只是基本保障,而销售员可以通过提成和奖金来挑战更高的收入。企业要使提成和奖金成为销售员的主要收入,一般要占到总收入的一半以上,而销售冠军的提成和奖金则要占到总收入的70%以上,这样才能达到激励的效果,才能让销售员赚到钱,业务才能进入良性循环。

收入从长期来讲有股权、期权和分红。如果企业能够实施员工持股计划,员工利益就会和企业利益关联起来,员工的长期价值就能通过股权激励得到体现。员工就会以创业的心态投入工作,拥有更高的主动性。并且,由于股权激励的约束作用,员工对企业的忠诚度也会增强。

在萨姆·沃尔顿的自传中,沃尔顿写道:"我们与这些员工的关系是真正意义上的合伙关系。这就是我们沃尔玛公司能够不断在竞争中获胜,甚至获得出乎自己意料的成果的唯一原因……我整个事业中的最大缺憾就是,当1970年我们的公司公开发行股票时,我们最初的利润分享计划只包括经理人员,而没有扩大到所有员工……1971年,我们采取了第一个大步骤:我们纠正了我以前的一个大错误,开始实施一项所有员工参与的利润分享计划。由于诸多原因,我觉得这是自己所作出的最引为自豪的举动。利润分享计划在很大程度上是保证沃尔玛公司继续前进的诱因。每一个在我们公司待了1年以上,以及每年至少工作1000小时的员工都有资格分享。运用一个与利润增长相关的公式,我们把每个够格的员工工资的一个百分比归入他或她的计划,员工们离开公司时可取走这个份额——或以现金方式,或以沃尔玛公司股票方式。"

## 晋 升

每一个人都渴望获得他人的尊重,获得他人的认可。职位代表着员工的职业价值,更高的职位带来更多的职业荣誉感。晋升为员工提供了一个公平的职业发展通道,激励他们不断地突破自我,实现个人价值的不断提升。

企业要为每一位员工提供均等的职业发展机会,让他们能够掌握自己的命运。一个公平的晋升制度为员工提供了强大的动力,使他们不论身处顺境还是逆境,都能记得心中的那个目标,去努力追寻自己的梦想。

企业每年要举办一次晋升大会,隆重表彰获得晋升的员工,由领导来为他们颁发晋升证书,给予他们最高级别的荣耀。这样就能告诉全体员工,晋升之路就在自己脚下,通过自己的努力,紧跟公司的晋升步伐,大家都能实现自己的职业目标。

## 快　乐

快乐是一种生产力，如果员工能在工作中获得真正的快乐，他们就会与每一位客户分享自己的快乐。而且，客户还会把这种快乐的体验分享给他们的朋友。快乐还能使员工去享受工作，做到自我驱动。快乐的员工工作投入度更高，创造性更高，效率也更高，同时人际关系也更好。

企业可以考虑在以下几个方面做出改善，以提升员工的快乐指数：

（1）帮助员工成功。员工的需求就是管理者的工作方向，销售员最迫切的需求就是成交客户，管理者的首要工作就是帮助销售员成功。管理者要为销售员提供强有力的支持，为他们提供及时的辅导和训练，必要的时候提供陪访，帮助销售员成交客户。

（2）提供足够的信息和明确的目标。很多管理者在下达任务时只会提供一个含混的信息，让员工去"猜谜语"，这样的执行效果一定不会好。让员工"猜谜语"的管理者，不是水平高，而是没水平。当我们去做一项工作时，要尽量获得足够的信息，信息越充分、越准确，工作效率越高、效果越好。即使原始信息没有那么充分，管理者也要向员工表达清楚目前拥有什么资源和信息，要达到什么目标，还缺少什么资源和信息。这样，员工就知道如何合理安排工作，采取什么措施，怎样才能达到最佳效果。

在萨姆·沃尔顿的自传中，沃尔顿写道："分享信息和分担责任是任何合伙关系的核心。它使人产生责任感和参与感，而随着公司规模的扩大，我们不得不承认，与员工共同掌握许多指标是恪守我们经营原则的结果。每件关于我们的事都被公开。在各个商店里，我们公布该店的利润、进货、销售和减价情况。我们定期这么做，并且不只是向经理及其助理们公开，而且向每个商店的员工、计时工和兼职雇员公布各种信息。显然，部分信息也会流传到公司外面。但我相信与员工分享信息的好处远大于信息泄露给外人可能带来的副作用。至少到目前为止，它看来并没有对我们构成损害。而事实上我最近获悉，我们的一贯做法成为当今企业界流行的趋势之一：分享信息，而不是隐藏信息。"

（3）让员工感受到来自企业的善意。你不能要求别人主动爱你，但你如果够好，别人就会爱你。你也不能要求员工以企业为家，这只能是员工感受到企业的善意之后自然形成的想法，不能要求。企业与员工是互动的关系，员工感受到企业的善意、领导的关心，自然会把自己当成企业的一分子，处处以企业为念。

（4）树立榜样。企业中没有榜样，员工就没有目标，并且感觉不到前途。榜样的激励作用是巨大的，能够形成强大的向心力，鼓舞大家不断超越自我。所以，在企业发展的各个阶段，都要树立起榜样，让大家看到前进的路标，根据榜样去校正自己的行为，从而获得快速成长。

（5）开展业绩竞赛。竞赛将会极大地激发员工的获胜欲和创造力，竞赛事关个人荣誉和团队荣誉，在荣誉面前人人都不会含糊。所以，员工会想出各种办法提升绩效，最终的结果可能会超出你的想象。在竞赛中，员工的潜能得到了发挥，团队的凝聚力得到了加强，友谊得到了升华，自信与格局又上升了一个台阶。

（6）给予员工一定的自主性和自由度。知识型员工需要更大的自主性和自由度，这样能带来更多的创意和动力。企业可以为员工提供更为弹性的工作方式，如免打卡、移动办公、自选课题、兴趣小组、主题辩论等，以激发员工的主动性和创造性。谷歌公司为员工提供了20%的自由支配时间，谷歌的工程师们可以利用这个时间在各自感兴趣的领域学习，构思和实践自己的创意，工程师文化在这里得到了最大体现，这是谷歌在很多科技领域领先的重要原因。

（7）提供开放、自然、舒适的工作环境。开放的办公空间可以加强员工之间的交流和互动，提高信息的分享效率，提升员工的协同合作能力。更接近自然的环境会让员工爱上工作，植物和土壤的气息有助于舒缓疲劳，提升思维能力，提高工作效率。企业还可以考虑为员工提供上下班班车、员工餐厅、盥洗室、换衣间、哺乳室、健身设备等设施，为员工创造更好的工作条件。

（8）为员工提供培训和进修福利。每位员工都有学习成长的需求，企业可以根据员工的职业成长周期为他们提供相关培训课程，包括技能培训、管理培训和定制课程。通过完善的培训，可以使员工的职业能力、知识、眼界上升到新的高度。

（9）举办家庭日。定期邀请员工家属参观企业，或举办游园、郊游活动。

让员工家属了解企业文化、相关业务和工作环境，感谢他们对员工的理解和支持。这样一来，家属就能感受到企业的善意和关怀，更能理解家人的工作，家庭关系也会趋向和睦。当员工出现倦怠情绪时，家属会主动进行开导和劝解。

（10）奖惩有度。有奖就要有惩，做得好就要给予奖励，做得不好就应该给予惩罚，不然就有失公平，失去人心。要多奖少惩，奖励人数要多过惩罚人数，奖励金额要多过惩罚金额，只惩不奖或多惩少奖都是不对的。奖惩要严格按照规章制度公正执行，奖惩要及时，这样才具有激励性和震慑性。

# 用 才

## ——每位员工都是一座宝藏

在企业里,如果不能做到量才适用、人尽其才,不仅人力资源会被浪费,员工还会感受到失落和挫败。每个人都想证明自己的价值,当个人的价值得到发挥,员工就会拥有满足感和充实感。

美国的管理学大师德鲁克也曾说过:"一个人在大型组织中可以得到的机会确实很多,但是被埋没、被错置和被遗忘的可能性更高。"

企业里最高的成本,恐怕就是人才被错置的成本。员工的能量得不到发挥,潜能得不到释放,实在是非常可惜的事。其实企业里并不缺少人才,而是缺少发现人才的眼睛。管理者将注意力转移到员工身上,才能发现他们拥有何种能力和资源,才能做到因势利导,达到最佳的管理效果。

有些员工表现得不够出色,不是因为他们的能力不够,而是因为没有发挥出他们的特长。用人的前提是尊重人才,了解人才,用人之长。管理者务必要去关注员工的优点,让他们在自己擅长的领域发展。如此,员工才能享受工作,才能发挥出价值。

## 将员工视为资源

如果你将员工视为资源,你就会发现每一位员工都是一座宝藏,他们不仅拥有技能、经验和人脉,还拥有智慧和格局。

管理者千万不要低估员工的能量,他们长期工作在一线,他们对客户、渠道和竞争对手有充分的了解,通常他们也是最早发现问题的人。很多你冥思苦想的问题和方案,其实他们都曾经考虑过,只不过企业里缺少沟通的渠道,很多来自一线的创意被白白浪费了。

销售员距离客户最近,他们能够感知到市场的细微变化,他们是天生的调研员和策略家。销售员的价值不在于多卖出几件产品,而在于他们对市场的感知和反馈。他们能够发现某个尚未被满足的需求,能够找到某个产品的细节改进方案，知道客户最渴求什么样的服务。如果这些反馈都能得到足够重视，企业就能找到改进的方法，甚至开发出一款新产品，打开一个新市场，可惜的是销售员的建议总是难以得到足够的重视。

如果你认同员工是资源，就不要为他们设限。人的创造力是没有界限的，iPhone可以一举改变手机行业，iPod可以一统音乐江湖，QQ、微信能够建立起一个庞大的商业生态。这些看似伟大的产品，起初都是源自满足了客户的一个小小需求。

在营销领域，没有什么思想禁区，只要能够满足客户的需求，改善客户的体验，有足够大的市场，并在你的核心能力范围内，就是极为靠谱的事。技能、经验和人脉仅是员工的一等资源，而智慧和格局才是超级资源，才是员工最有价值的地方。

## 知人才能善任

员工表现得不够出色，不一定是能力的问题，很可能是被错置了岗位。员工从事着不擅长的工作，就无法发挥出自己的特长，因而工作效果不好，人力资源也被白白浪费。企业里最高的成本，恐怕就是人才被错置的成本。人才被错置，员工的能量就得不到发挥，工作积极性也受到了影响。

用人就是要用人的长处，量才适用对员工也是一种激励。当优势能够得到发挥，员工就会享受工作，工作热情更高，更易做出成绩。所以，管理者要多去关注员工的优点，聚焦于他们的优势，让他们在自己擅长的领域发展，在优势上再聚集优势。不要老盯着员工的缺点，不断放大缺点，反而会给员工带来失败的暗示，带来消极的影响。

要去了解员工，放下自己的成见，避免做主观的判断。要将精力和时间放到员工身上，去和员工交朋友，了解他们的性格、能力、经验和资源，了解他们对产品和业务的各种看法，了解他们的兴趣方向和发展目标，为他们匹配更能发挥价值的工作和任务，甚至可以让他们自己来选择感兴趣的工作和领域，这样不仅能做到人尽其才，还能让员工获得工作上的满足感。

## 先用好身边的人

很多领导相信"外来的和尚会念经"。可是一旦"外来的和尚"成为企业员工，马上就会失宠。其实，"和尚"并没有改变，而是领导的心态改变了。如果企业不能善用员工，招募再多的人也没有用。若不能做到人尽其才，员工还会感受到挫败，最终也会流失。

> 项羽的身边就有一位奇才，即亚父范增，可惜项羽始终没有用好范增。范增随项羽进入关中时，就曾劝项羽灭掉刘邦，但未被采纳。在鸿门宴上范增又示意项羽杀掉刘邦，使项庄舞剑，借机行刺，但终未获得成功。后项羽与刘邦展开了历时四年的楚汉战争，最终项羽兵败于垓下，自刎于乌江。

员工在入职前和入职后心态上会有一个微妙的变化，在入职前他们敢于说出自己的想法，指出企业存在的问题。而在入职后，"个人修养"则会提醒他们，要低调，不要过于锋芒毕露。所以，他们就会隐藏一些尖锐的观点，显得不再那么有见解。其实，并不是领导当初看走了眼，而是企业缺乏讲真话的环境。

有远见的领导要明白一件事，即员工最有价值的是他们的智慧，而不是他们的体力，企业需要的是他们的见解，而不是他们的体能。最好的员工不是听话照做的员工，而是不断提出问题的员工。企业里不一定没有人才，而是缺乏民主的氛围，缺少发现的眼光。员工不能发挥出价值，根本问题在领导。领导有容人之心，员工就敢于发表个人见解，直指企业的问题，这样才能将每一位员工用到实处，发挥出他们的价值。

## 领导要有容人之心

领导并不是天才，也不一定智慧超群，他们也有自己的局限，也会有各种缺点，也会犯各种错误。这世界上没有完人，每个人都存在知识结构的缺陷和视角的局限，没有人能够掌握全部的事实和信息。信息不全、信息不实、信息滞后，都会对决策产生误导，给企业带来难以挽回的损失。

桥水基金的创始人瑞·达利欧在《原则》一书中写道："我阅人无数，没一个成功人士天赋异禀，他们也常犯错，缺点也不少，他们成功是因为正视错误与缺点，找到日后避免犯错、解决问题的方法。所以我觉得，全力利用好直面现实的过程，尤其是在和困难障碍斗争时的痛苦经历，从中竭力吸取教训，这样定能更快实现目标。"

企业需要各个领域的人才来帮助企业获得更全面的视角，规避各种潜在的风险。用人，并不是用人的体能，而是用人的知识和智慧。员工的本分也不是听话照做，而是要不断改进方法，不断创新，提升效率。企业里不一定没有人才，更有可能的是缺少民主的氛围，缺少开明的企业文化。

企业文化越开明，组织制度越开放，越有利于思想的碰撞，越能激发员工的创造力，越能发挥出他们的价值。领导有容人之心，员工就敢于发表个人见解，直指企业的问题，这样才能收获真知灼见，才能有效地避开风险，做出最佳的决策。当建立起包容的环境和开放的心态，新思路、新方法、新创意就会不断涌现，员工的积极性和主动性就会被激发，人力资源就能发挥出最大的价值。

在所有的信息里面，与众不同的见解最有价值、最有营养。而附和赞誉之词，大可忽略不计，因为这些话除了能够满足虚荣心外，再无其他价值。忠言逆耳，良药苦口，越是逆耳的声音越有价值，越值得被重视。只有不同的意见才能帮助我们拓宽视野，打开思路。你的心胸决定了你的格局，你的宽容程度决定了你是否能够站在事实的一边。

## 信任加授权

层层授权的控制式管理已经不能适应竞争的需要，如果每一个行动都要等到总部批准，那么外部的环境早已发生变化，时机早已失去。企业要想发挥出员工的价值，就要改变传统的层层授权的方式，授予员工一定的自主决策权，让他们能够根据现实情况，自主采取行动方案。适当的信任和授权能够激发员工的工作主动性，使他们不断开拓事业格局，培养责任感和经营能力。

当然，授权并不是完全放任不管，也要做好后期的检查和审计。当被授权人证明了他们的能力和操守，企业就可以授予更多的权限，让他们承担更大的责任。

# 第二篇
PSST 营销管理——产品是基础，人性是灵魂

丽思卡尔顿酒店是全球首屈一指的奢华酒店，它的服务宗旨是"我们以绅士淑女的态度为绅士淑女们忠诚服务"。丽思卡尔顿酒店为了提升对客人的服务能力，授予了员工自主处理问题的权限。当客人提出额外需要，或者员工认为有必要为客人创造惊喜时，无须报告上级主管，在 2000 美元的授权额度内可以自行决定处理方式，并享有不被质疑的权利。于是，这就有了员工打车将客人遗失物品送到机场的感人一幕。如果客人需要一些特殊的东西，员工可以"脱离自己的岗位"去获取，并且鼓励员工"使用公司赋予的权利"。

## 利用竞赛和晋升去激发员工的潜能

如果处于相对舒适的环境，员工的潜能就很难被激发。挑战和才能是相伴相生的，没有足够的挑战，很难催生杰出的才能。企业需要找到一种能够真正激发销售员的方法，让销售员真正做到自我驱动，而不是简单地下达一个年度销售任务或考核指标。

这种方法是存在的，它就是竞赛和晋升。企业可以将竞赛和晋升的标准统一起来，当销售员达成某个竞赛目标，就可以获得晋升。这样一来，就能实现非常好的激励效果，给员工带来巨大的成就感和满足感。而且，这种方法也给工作带来了乐趣，就像游戏中的通关，具有非常强大的带入感，你无法将自己置身事外。

例如，你身边的小王获得了竞赛的胜利，拿到了奖金，接受了颁奖，获得了晋升，去瑞士旅游了一圈。你能够做到无动于衷吗？你必定也会不甘示弱，一定要在下次竞赛中赶超他。在这样的气氛下，所有的销售员都会参与进来，不用管理者去督促，也不用上级去下达销售任务，销售员自己会争先恐后，挑战自己的潜能，因为这关系到自己的荣誉，关系到自己的面子。

在竞赛的过程中，同事间还能建立友谊，建立团队合作精神，并形成企业的文化，这更是难以估量的精神财富。既然要参与竞赛和晋升，就不是一个人的事，而是团队的事。团队中只有一个人完成竞赛和晋升的目标是远远不够的，还必须使更多的成员达成目标。有了这样的荣誉感，每一位成员就

不好意思拖团队的后腿，因为你不只代表自己，还代表了团队。在这种共同奋斗、互相鼓励的环境中，同事间就建立了友谊，团队的凝聚力就得到了加强。

利用好竞赛和晋升会为企业带来无尽的好处，如销售员能够做到自动自发，个人价值得到了提升，团队得到了发展，企业储备了大量的人才，销售业绩也在不知不觉中实现了高速增长。

# 留 才

## ——留住人才，企业才能发展

在企业里，通常销售岗位的流失率最高。甚至在某些企业，销售员的首年流失率会达到100%，也就是一年换一遍。并且，多数企业认为这是一个正常的比率，甚至是引以为傲的一个比率，他们认为这正说明了企业的标准高，员工的素质好。

> 阿里巴巴前CEO卫哲曾透露，在2005年、2006年，阿里巴巴的工程师和销售员的离职率是120%，也就是一年换一遍。这个比率合理吗？大家辛苦工作一年，人全都走光了，所有的招聘、培训、薪酬费用被浪费，工作也没有任何积累。

员工流失率这么高，不是一件光彩的事。企业没有能力鉴别人才，没有能力培养人才，没有能力保留人才，才会采用大浪淘沙这种最不经济的方式。并且，企业也不了解员工的实际业绩表现，制定了一个错误的考核标准，导致了企业的大量"失血"。

高流失率的根本原因在于企业的选才标准和考核标准出现了偏差，也就是选才标准过低，考核标准过高，这个责任方当然是在企业。员工的大量流失绝非只是损失几个员工这么简单，它会给企业带来一系列的连锁反应，为企业带来巨大的财务成本和经营风险。

一位员工离职会导致三位员工产生心理波动。如果有20%的员工离职，则会导致60%的员工产生动摇。他们会认为下一个离开的就是自己，他们再无心工作，开始准备应急方案，以应对随时可能出现的意外状况。

员工流失会给企业带来技术流失、信息流失和客户流失。员工离开时会带走他们的技术和经验,带走相关的数据和客户信息。新来的员工得不到任何的资源和经验,只能从头开始积累。然而,当他们刚有了一些成绩,又不得不跟随前辈的脚步离开。

员工流失造成了工作上的断档,客户要不断面对陌生的面孔,接受糟糕的服务和割裂的流程。当客户很难再继续忍受下去,只能选择离开。

企业不断寻找新人接替工作,将产生高昂的时间成本、财务成本和试错成本。企业录用一位新员工,需要一个月的招聘期、一个月的培训期以及数月的适应期。招募、培训、薪酬、福利也是一笔很大的财务支出。新员工到岗位后还会面临磨合期,不一定就能胜任工作,这中间还会产生试错成本。

另外,在员工流失率高的企业,一些离职员工会对原企业提起诉讼和赔偿,而且这类诉讼通常也以企业败诉告终。这会让企业陷入无休无止的诉讼和赔偿中,给企业带来相当大的困扰。

## 留住人才,企业才能发展

不培养员工,不致力于降低员工的流失率,人心就会涣散,利润也会被成本抵消。选才、育才、励才,都是为了最终的留才和用才。企业的发展依托于人才,只有留住人才,才能使用人才,才能实现技术、经验、客户和资本的积累,才能拥有发展的动力。

企业与员工不是简单的雇佣关系,而是利益共同体。员工是企业的资产,是企业发展的动力。如果失去员工的信任、支持和奉献,企业就会陷入困境。企业与员工是一种互动关系,忠诚是相互的,而不是单方面的要求,企业不能在发展好的时候要求员工忠诚,在发展不好的时候就通过裁员来卸掉负担。即使在企业的困难时期,首先也要考虑员工的利益,妥善安置他们,而不是粗暴地裁员。

1933年,正当经济危机在美国蔓延之时,哈理逊纺织公司因一场大火几乎化为灰烬。3000名员工回到家,等待着董事长宣布企业破产的消息。可是不久,他们却收到了公司向全体员工支薪一个月的通知。一个月后,正当他们为下个月生活费发愁时，他们又收到了一个月的工资。在失业席卷全国、人人生计无着之时，能得到如此照顾，员工们感激万分。于是，他们纷纷涌向公司，自发清理废墟，擦洗机器。三个月后，公司重新运转起来。

## 留才的方法

留才的逻辑与激励的逻辑相同，你能满足员工的需求，能为他们提供发展的空间，员工自然不愿离开。员工的需求就是收入、晋升和快乐，留才的方法也离不开这三个方面。

首先，企业要为员工提供高于行业平均水平的薪酬和福利，让他们以在这里工作为荣。员工的薪酬福利好，他们就没有后顾之忧，他们的工作投入度就会高，从而工作起来更快乐，效率也更高。为了提高员工的收入，企业可以采用"减人增收"法。也就是减少冗余人员，将原有的薪酬分配给更少的人。例如，把4名员工缩减到3名员工，将原来4名员工的薪酬分配给3名员工，这样既增加了员工的收入，又激励了员工，还创造了更高的人均效益。另外，除了薪酬外，企业还可以通过员工持股计划来保留员工，员工持有股票后会非常乐意与企业一起奋斗，共同成长。

其次，要为员工提供公平的晋升通道，为他们提供发挥价值的出口，让他们有用武之地。要给予员工更多的信任和授权，让他们有充分的施展空间。当员工能够得到职业上的发展，就会拥有更高的忠诚度。

对于"90后"员工来说，新鲜感变得越来越重要。新生代员工要求的不仅是一份丰厚的薪水，更需要快乐地工作。企业需要为新生代员工提供更新鲜有趣的办公体验，如弹性的工作时间、人性化的工作环境、更有格调的办公空间、扁平化的网络组织结构、小而精的独立团队等。

## 新员工管理

第一年是销售员的适应期和生存期，是销售员离职率最高的阶段。如果销售员能够顺利度过第一年的生存期，接下来就会进入较为平稳的成长期。

所以，做好第一年的新人培训和衔接训练，能够有效降低销售员的流失率。新人管理围绕着三项核心工作展开：建立严格的选才标准；提供专业的新人培训和衔接训练；建立业务辅导和督导机制。

　　首先要提高选才标准。根据岗位要求和发展目标，设定出人才的招募标准，并严格按照标准来选择人才。要综合考察候选人的价值观、态度、性格、工作动机、工作习惯、工作技能和学习能力。只有提高选才标准，招募到真正优秀的人才，才能建立起稳定的团队，从根本上降低员工的流失率。

　　在面试时，面试官要尽可能向候选人说明企业的实际情况，包括业务的开展情况、面临的机遇和困境、员工的收入情况、绩效考核的情况等，做到不隐瞒也不渲染，让候选人能够客观认识企业，在知情的情况下做出选择，以免在入职后产生巨大的心理落差。

　　录用员工时，一定要向新员工发送 Offer，详细说明职位、工作内容、薪酬福利、入职时间等，让新员工感受到被尊重。

　　新员工入职后，人力资源部要帮助新员工办理入职手续，发放《员工手册》和办公用品，并引荐给用人部门，做好职务交接。培训部要为新员工提供系统的入职培训和衔接训练，内容包括行业概况、企业文化、组织架构、公司产品、业务技能、工作流程、晋升规划、规章制度、福利待遇等。培训周期最短不能少于一周，CEO 一定要亲自授课，这是宣导企业文化、加深企业认同的良机。培训后要有严格的考核评估，考试形式包括笔试、答辩和通关，以保证学员能够全面掌握培训内容，通过考试的学员才能被正式录用。

　　新员工入职后，部门管理者要负责起业务督导的工作，及时掌握新员工的工作状态和业务进展，帮助他们分析工作重心，提供心理辅导和技能训练，督导其完成预设的工作目标，并帮助他们设计自己的职业发展路线。

## 离职管理

　　不论什么企业，都会有员工离职。就连荣登全球最佳雇主榜的 Facebook 和谷歌，同样也会有员工离职。

　　首先，我们要明确，离职的员工不一定不优秀。相反，他们很可能是更为优秀的人，因为越是优秀的人，他们的选择机会越多，他们的容忍度越低。

　　其次，我们必须尊重离职员工。企业对他们的态度决定了他们对企业的态度，与离职员工为敌，是特别不明智的做法。

　　我曾经经历过一家企业，从这家企业离职的员工从来不会说企业的坏话，并且还会帮助企业做宣传，为它推荐客户。

在员工离职前，CEO 最好能与他们做一次沟通，了解一下他们的想法，并表达对他们的感谢和祝福。当然，更多的时候，离职员工不会透露更多的离职原因，也不愿对在职员工发表看法。很多企业也明白这个道理，所以会在员工离职一段时间之后，再进行离职调查，收集可以改进工作的关键信息，甚至争取回聘优秀员工。

员工虽然离开了企业，但他们曾与企业一起经历风雨，共同成长，他们依然会对企业怀有感情。企业应该与他们定期保持联系，为他们提供力所能及的帮助或福利。这样一来，即使他们不在企业，依然会心系企业，他们会成为你的义务宣传员，会为你提供关键的商业信息，还会帮你推荐客户，当然也不排除他们会重新归队，继续为企业贡献力量。